Dr. John Coleman

MÁS ALLÁ DEL CONSPIRACIÓN

Desenmascarando al gobierno mundial invisible

OMNIAVERITAS®

John Coleman

John Coleman es un autor británico y antiguo miembro del Servicio Secreto de Inteligencia. Coleman ha realizado varios análisis del Club de Roma, la Fundación Giorgio Cini, el Forbes Global 2000, el Coloquio Interreligioso por la Paz, el Instituto Tavistock, la Nobleza Negra y otras organizaciones afines al tema del Nuevo Orden Mundial.

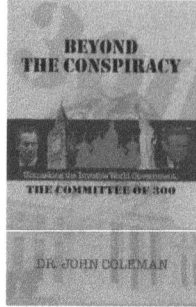

MÁS ALLÁ DE LA CONSPIRACIÓN

DESENMASCARANDO AL GOBIERNO MUNDIAL INVISIBLE

BEYOND THE CONSPIRACY
Unmasking the Invisible Government

Traducido del inglés y publicado por Omnia Veritas Limited

© Omnia Veritas Ltd - 2022

⊘MNIA VERITAS.

www.omnia-veritas.com

PRÓLOGO 11

CAPÍTULO 1 15

EL ASCENSO DE LOS GLOBALISTAS PANTEÍSTAS Y DEÍSTAS 15

CAPÍTULO 2 20

EL TRÁFICO DE DROGAS 20
Todas las guerras comienzan con situaciones inventadas 23

CAPÍTULO 3 29

LA TÉCNICA DEL GOLPE DE ESTADO 29
Serbia 2000 - "El poder del pueblo 30

CAPÍTULO 4 40

TRIBUNAL DE PRIMERA INSTANCIA 40
Kozak y Walker alientan las revoluciones 42
Los protocolos de Nuremberg 45
La revolución naranja en Ucrania 48

CAPÍTULO 5 51

MÁS ALLÁ DE LA CONSPIRACIÓN 51

CAPÍTULO 6 54

DOS HOMBRES CURIOSOS 54

CAPÍTULO 7 70

EL PAPEL DE LOS MILITARES 70

CAPÍTULO 8 75

LA VERGÜENZA DE IRAK 75

CAPÍTULO 9 89

PLAN DE GUERRA MÁS ALLÁ DE LA CONSPIRACIÓN 89

CAPÍTULO 10 100

LAS DICTADURAS RARA VEZ PARECEN COMENZAR COMO TALES 100
Constitución de los Estados Unidos - Enmienda 10 Poderes del Estado y
del Pueblo 106

CAPÍTULO 11 113

DISOLUCIÓN DEL PACTO 113
La prensa: un motor de cumplimiento 124

CAPÍTULO 12 134

SE REVELA EL PROGRAMA SECRETO DE GASTOS EXTRAPRESUPUESTARIOS DE
EE.UU. 134

El servomecanismo *141*

CAPÍTULO 13 .... **160**

El golpe de estado de la Reserva Federal 160

CAPÍTULO 14 .... **173**

La conspiración del libre comercio 173
El tráfico de drogas: Esclavitud física *179*

CAPÍTULO 15 .... **182**

Un medio para un fin 182
*Establecer el socialismo en los Estados Unidos con el objetivo de anular
las constituciones estatales y federales* *190*
*El origen del nuevo orden mundial: la Compañía de las Indias Orientales y
su sucesora, la Compañía Británica de las Indias Orientales.................* *191*

CAPÍTULO 16 .... **199**

Guerra y papel moneda 199
¿Qué hace posible la servidumbre? Por supuesto, es papel moneda....... *207*

YA PUBLICADO **219**

Descargo de responsabilidad del editor

Algunos pasajes y párrafos se repiten. Como el libro está compuesto en su mayor parte por una recopilación de artículos, los hemos mantenido, seguros de que estas pocas repeticiones no perjudicarían la comprensión de los temas que evocan.

PRÓLOGO

Espero que el lector ya conozca mi libro *La jerarquía de los conspiradores, una historia del Comité de los 300*[1] que se publicó en su cuarta edición en enero de 2007. También puede resultar difícil imaginar el alcance de este libro. Lo cierto es que muy pocos ciudadanos disponen de los medios adecuados para dar sentido a unos acontecimientos que parecen estar fuera de nuestro alcance, apartados de nuestra experiencia inmediata e inaccesibles a la comprensión debido a nuestros limitados conocimientos. Por lo tanto, creemos erróneamente que esto no puede ser así. Con estos antecedentes, el ciudadano medio no puede ver con certeza los cambios irrevocables, casi siempre a peor, que se están produciendo en otras partes de la nación y del mundo, ni puede concebirlos como el resultado de una conspiración, y mucho menos empezar a entender que forman parte de un plan deliberado para provocar un trastorno preordenado. Estos cambios deliberados no se perciben como tales, porque la mayoría de la gente no piensa así. El fin de la continuidad de la vida familiar; la pérdida de un trabajo que ha estado "en la familia" durante varias generaciones (en una fábrica de automóviles, por ejemplo); un traslado forzado del barrio que amamos, dejando atrás a los amigos, la iglesia y todas las cosas familiares y cómodas. La persona promedio nunca atribuye estos trastornos y distorsiones en su vida a otra cosa que no sea el azar. Sencillamente, no sabe nada mejor y no puede concebir que lo que le está ocurriendo sea otra cosa que una mera casualidad.

---

[1] *La jerarquía de los conspiradores, una historia del Comité de los 300*, Omnia Veritas Limited, www.omnia-veritas.com.

En su libro *La conspiración abierta*, el autor británico y agente del MI6 H.G. Wells, escribió sobre la incomprensión del "hombre común" de las sociedades secretas, al igual que el Dr. Jacob Mass, biógrafo del juez Brandeis, quien afirmó que se hacen acuerdos secretos sobre los que es muy difícil obtener información definitiva, hasta que se pierden en los archivos del tiempo, cuando los hombres son aptos para escribir sus memorias.

A lo largo de la historia, se ha señalado a menudo que el hombre medio de la mayoría de los países tiene poco o ningún tiempo para dedicarse a otra cosa que no sea ganarse la vida, formar una familia y tener un trabajo que le permita alcanzar estos objetivos. Esto le deja poco o ningún tiempo para la política, las cuestiones económicas u otros asuntos vitales, como la guerra y la paz, que afectan a su vida y a la de la nación.

Los gobiernos lo saben. Al parecer, también lo hacen los grupos altamente organizados que operan detrás de muchas organizaciones de fachada diferentes que siempre tienen la ventaja sobre los ciudadanos. Lo que el ciudadano medio no sabe -y probablemente nunca sabrá- es que todos los grandes acontecimientos históricos son planificados en secreto por hombres que se rodean de total discreción. El Dr. Gérard Encausse, en su libro *Mysteria* del 14 de abril de 1914, lo expresó así:

> Junto a la política internacional de cada Estado, hay ciertas organizaciones oscuras. Los hombres que participan en estos consejos no son políticos profesionales ni embajadores brillantemente vestidos, sino unos desconocidos, grandes financieros, que son superiores a los políticos vanos y efímeros que se imaginan que gobiernan el mundo.

Los miembros de la Compañía Británica de las Indias Orientales eran un grupo de este tipo, cuyos antecedentes procedían de los cátaros, bogomilos y albigenses, originarios de la Babilonia maniquea, y que se convirtieron en los controladores no sólo de Inglaterra, sino de todo el mundo. A lo largo de la historia, uno de los denominadores comunes ha sido el deseo del hombre de controlar. Cualquiera que sea la estructura social que se examine, siempre hay un grupo de determinados individuos, en los que prima la necesidad de control, que se agrupan en sociedades secretas. Por lo tanto, cualquiera que intente exponer estas sociedades se está poniendo en peligro.

Esta es una de las razones por las que el Comité de los 300 ha tenido tanto éxito en ocultar su existencia a la gran masa del pueblo estadounidense, hasta el punto de que ahora no temen ir más allá de la conspiración en abierto. Aparentemente, un pequeño número de investigadores consideró que debe haber algún tipo de organismo de coordinación y control de nivel superior, que supervise y coordine las actividades de los organismos de "nivel local", de los cuales los Bancos de la Reserva Federal son sólo uno. Generalmente se agrupan bajo el título de "sociedades secretas".

El objetivo de este libro es ir más allá de la conspiración y abrir las puertas de estas sociedades secretas para descubrir cómo se gobierna realmente la humanidad y por quién.

* * *

Agradezco a los numerosos amigos y simpatizantes de mi obra que tanto me han ayudado a superar los ataques a la misma y que han sido generosos en su apoyo financiero en momentos de dificultad; esto ha permitido la publicación de este libro a pesar de la fuerte oposición.

Este libro es un relato del plan maestro del gobierno de un solo mundo que fue revelado a los participantes del mal llamado Coloquio Interreligioso por la Paz celebrado en Bellagio, Italia, en 1972. El mal llamado plan maestro de paz se aplicó por primera vez en Yugoslavia para destruirla como Estado-nación. Por eso la mayor parte de este libro trata de lo que ocurrió allí, ya que fue un "modelo" para futuras acciones contra naciones y pueblos soberanos.

Irak bien puede ser el último país en ser invadido por una fuerza militar del gobierno mundial. Basándose en las lecciones aprendidas de la conquista de Yugoslavia, la opinión de los observadores de la conspiración es que el plan que derribó a Milosevic es la forma en que se someterá a los futuros gobiernos recalcitrantes. Por lo tanto, un estudio detallado de la metodología y la estrategia empleadas para destruir Yugoslavia, llevadas a cabo en los últimos años, es de suma importancia.

Dr. John Coleman, septiembre de 2007

Capítulo 1

El ascenso de los globalistas panteístas y deístas

C asi trescientos años después, la más importante de estas familias era la de los Rockefeller, que poseían y controlaban la dinastía Rockefeller-Standard Oil. Fue esta red la que utilizaron los "300" para introducir el "New Deal" socialista fabiano a través de Roosevelt y despojar al pueblo estadounidense de su oro. La mayoría de estas familias, aunque aparentemente profesaban el cristianismo, eran panteístas, gnósticos, rosacruces y deístas. Su filosofía era claramente socialista.

Esto se entiende mejor si se tiene en cuenta que los antepasados de algunas de estas familias se remontan a los anabaptistas y a los lolardos de Wycliff, cuya política era claramente comunista, aunque el comunismo como doctrina establecida aún no existía. Hay una corriente de pensamiento que sostiene que entre ellos había elementos de los bogomilos que habían huido de los Balcanes al Nuevo Mundo durante la Inquisición, así como un número de descendientes de los jázaros, una raza bárbara de origen indo-turco, que vivían a lo largo del bajo Volga en Rusia, hasta que fueron expulsados por los príncipes de Moscú dirigidos por el príncipe Dimitri Donskoi. (*Enciclopedia Británica*, 1915)

Se dice que la familia Rockefeller y la familia Astor emigraron a Estados Unidos desde Asia Menor, esta mezcla de razas y culturas extranjeras se remonta a los maniqueos. (*Rockefeller Internationalist*, Emmanuel Josephson 1952)

La Compañía de las Indias Orientales, con sus estatutos concedidos por la monarquía, y su sucesora, los hombres de la

Compañía Británica de las Indias Orientales, solían conceder subvenciones a los cristianos evangélicos. Rockefeller y sus compañeros de viaje siguieron su ejemplo, promoviendo el cristianismo evangélico para ocultar sus verdaderas intenciones, que eran alcanzar el poder político en Estados Unidos, y luego en todo el mundo, como demostró el viejo John D. Rockefeller.

En Estados Unidos, fue el fundamentalista cristiano patrocinado por la British East India Company, John Nelson Darby, bajo el nombre de "Dispensacionalismo", quien fue favorecido por la China Inland Mission, y en Sudáfrica, antes de la Guerra Anglo-Boer, por la London Missionary Society, que provocó la guerra en 1899 por su interferencia política. Todas estas organizaciones cristianas parecen estar bien financiadas. Los cuáqueros crearon comunas de tipo comunista durante la Guerra de la Independencia y recibieron un importante apoyo financiero de William Aldrich (antepasado de Nelson Aldrich Rockefeller).

Los miembros de la familia Rothschild fueron los principales conspiradores que trabajaron para instalar un banco central en los Estados Unidos, en clara violación de la Constitución estadounidense que prohíbe tal institución. Lo que vimos con la instalación del Banco de la Reserva Federal fue la consolidación del dominio del Comité de los 300 sobre América.

Siguió la política exterior estadounidense y las guerras que Estados Unidos libró durante el siglo XIX (incluida la guerra hispano-estadounidense de 1898 y la actual llamada Guerra contra el Terrorismo) consiguieron extender el control del cártel sobre la economía mundial. Sin el establecimiento exitoso de un banco central en los Estados Unidos, todas las guerras que se libraron después de 1912 habrían sido imposibles de financiar. La Guerra Civil estadounidense se libró para determinar el control de la economía estadounidense. La cuestión de la esclavitud tenía poca importancia; al Norte le importaba poco la esclavitud. Muchos generales del ejército de la Unión eran propietarios de esclavos, al igual que la señora Lincoln, esposa de Abraham Lincoln. La Guerra Civil, como todas las guerras, se libró por cuestiones económicas. La esclavitud fue una pista falsa y no la causa principal de la guerra. Los estadounidenses, fácilmente engañados por su confianza en el gobierno, no conocían la verdadera causa de esta trágica guerra.

Una vez más, permítanme ser claro: todas las guerras son guerras económicas en su origen y propósito. El Sur tenía todo el derecho a secesionarse si sus ciudadanos lo deseaban, debido a los problemas económicos entre el Norte y el Sur. La implicación es que Estados Unidos acumuló su posición internacional como "única superpotencia" por accidente, no por diseño. Los argumentos a favor de una opinión contraria suscitan acusaciones burlonas de ser víctima de la "teoría de la conspiración".

Es tranquilizador que los estadounidenses crean que los individuos y las organizaciones con intereses propios son incapaces de colaborar en una conspiración para lograr causas comunes. Cuando J.P. Morgan sentó a la mesa a los propietarios de los ferrocarriles estadounidenses y llegó a un acuerdo de no competencia, no fue casualidad. De *hecho, fue una conspiración.* Ninguna de las guerras de Estados Unidos fue un accidente y fueron mucho más rentables de lo que nunca se hará público. Los Estados Unidos confiscaron miles de millones de dólares de tesoros de guerra alemanes y japoneses al final de la Segunda Guerra Mundial. El presidente Truman tomó la decisión consciente de no revelar esto al público y de no repatriarlo al final de las hostilidades. En cambio, se utilizó y se utiliza para financiar operaciones encubiertas.

La creencia generalizada de que los tan odiados trusts fueron desmantelados en la primera década del siglo XX gracias a la cruzada de Theodore Roosevelt es ciertamente infundada. No hay duda de que Roosevelt utilizó su postura pública contra las "grandes empresas" para obtener fondos de campaña de los empresarios a los que atacaba. Esto puede explicar por qué más tarde firmó una ley que deroga las sanciones penales para estos mismos empresarios. Este es un hilo conductor que atraviesa a los presidentes estadounidenses "liberales", "conservadores" y "progresistas". Franklin D. Roosevelt quería ser recordado como el campeón de los oprimidos que acabó con la Gran Depresión.

Estableció el sistema de seguridad social de la nación, que en realidad se financia con un impuesto altamente regresivo sobre sus beneficiarios. Se permitió deducir las contribuciones de contrapartida de las empresas como gastos empresariales antes de impuestos, lo que no hizo más que ampliar el carácter regresivo del programa al financiar la parte de las empresas con la pérdida de ingresos fiscales. Roosevelt, un político excepcional, obtuvo una victoria aplastante sobre un programa de reformas que nunca tuvo intención de aplicar.

De hecho, hizo lo contrario al declarar una emergencia económica nacional, obviando cualquier desafío constitucional a su poder en los tribunales. Se apresuró a ignorar la cláusula del oro en los contratos de bonos del gobierno y creó el Fondo de Estabilización Cambiaria (ESF)[2] en 1934; aparentemente destinado a promover la estabilidad del dólar en los mercados de divisas, está exento de rendir cuentas al Congreso y sólo es responsable ante el Presidente y el Secretario del Tesoro. Es, en definitiva, un fondo no declarado que puede recurrir al crédito del gobierno federal, una práctica inconstitucional y muy peligrosa.

La creación del FSE fue una extensión de la misma lógica que llevó a la creación de la Reserva Federal en 1914. Esta última, la Reserva Federal, también se creó en respuesta a una crisis: el crack de 1907. La leyenda de Wall Street atribuye al genio y al patriotismo de J.P. Morgan la salvación de la nación. En realidad, el crack y la depresión resultante permitieron a Morgan eliminar a sus competidores, comprar sus activos y, en el proceso, revelar a la nación y al mundo lo poderoso que era Wall Street y los bancos internacionales de Morgan.

No todos se mostraron agradecidos, y algunos exigieron medidas legislativas para someter el crédito federal y el sistema monetario nacional a la supervisión y el control públicos. En una campaña de habilidad política, la Reserva Federal fue creada en 1912 por

---

[2] Fondo de Estabilización Cambiaria, Ndt.

una ley del Congreso con este fin. Pero al crearlo como una corporación privada propiedad de los bancos, el Congreso cedió de hecho a los bancos una posición aún más fuerte que la que tenían anteriormente. Incluso hoy en día, no se entiende bien que la Reserva Federal es una corporación privada propiedad de los mismos intereses que nominalmente regula.

Así, el control del sistema crediticio y monetario federal en Estados Unidos, y el rico flujo de información privilegiada que se desprende de él, se oculta a la vista del público y se controla en secreto, lo que explica en parte el carácter de esfinge del presidente de la Reserva Federal. En general, no se entiende que cada una de estas agencias fue creada desafiando abiertamente la Constitución de los Estados Unidos, señalando así con audacia que la conspiración ya no necesitaba ser ocultada. Sólo un hombre en el Congreso ha reconocido que la Reserva Federal es una entidad inconstitucional y, por tanto, ilegal.

El congresista Louis T. McFadden era ese hombre. Presentó una demanda contra la Reserva Federal, alegando que había robado miles de millones de dólares al pueblo estadounidense, y exigió la devolución del dinero. Pero McFadden fue asesinado antes de que su demanda llegara a los tribunales, por lo que no se llegó a nada. Otra acción inconstitucional junto con la Reserva Federal es la Ley de la CIA de 1949, que creó un mecanismo presupuestario que permitía a la CIA gastar todo el dinero que quisiera "sin tener en cuenta las disposiciones de la ley y los reglamentos relativos al gasto de los fondos del gobierno." En resumen, la CIA tiene una forma de financiar cualquier cosa - legal o ilegal- detrás de la barrera de las leyes de seguridad nacional y el Congreso se ha mantenido al margen y ha permitido que esta organización inconstitucional usurpe su autoridad sin mover un dedo para detener tan deplorable violación de la Constitución estadounidense y la pérdida de sus poderes.

Capítulo 2

El tráfico de drogas

A la mayoría de los lectores les puede parecer extraño pensar que pueda haber una relación positiva entre el narcotráfico y el mercado de valores, pero considere lo siguiente: a finales de la década de 1990, el Departamento de Justicia de EE.UU. estimó que el producto de este comercio que entraba en el sistema bancario de EE.UU. tenía un valor de entre 500.000 y 1.000.000 millones de dólares al año, es decir, más del 5-10% del producto interior bruto (PIB). El producto del delito debe llegar a los canales legítimos, es decir, legales, ya que de lo contrario no tiene valor para sus poseedores. Si además se supone que el sistema bancario recibe una comisión del 1% por el procesamiento, los beneficios que obtienen los bancos de las actividades relacionadas con la droga son del orden de 5.000 a 10.000 millones de dólares.

Si aplicamos a esta cifra el actual múltiplo de mercado de Citigroup, de unos 15, obtenemos una capitalización de mercado de entre 65.000 y 115.000 millones de dólares. Por lo tanto, es fácil ver la importancia del comercio de drogas ilegales para la industria de los servicios financieros. Resulta que este comercio de beneficios ilegales se concentra en cuatro estados: Texas, Nueva York, Florida y California, o en cuatro distritos de la Reserva Federal: Dallas, Nueva York, Atlanta y San Francisco. ¿Podemos suponer seriamente que la Reserva Federal no lo sabe, aunque el Departamento de Justicia sí lo sepa? Al fin y al cabo, son ellos los que gestionan el flujo y deben saber de dónde viene.

Una de las razones del silencio de la Reserva Federal es que las agencias del propio gobierno han estado involucradas en el tráfico de drogas durante sesenta años o más, como explico detalladamente en mi libro *The Drug Trade from A to Z*. Para entender el presupuesto negro utilizado por la CIA y otras agencias, hay que conocer la práctica estadounidense de abrir el mercado de consumo de drogas de Estados Unidos a los exportadores para perseguir objetivos estratégicos en el extranjero. La portabilidad de los estupefacientes y el enorme aumento de los precios entre la producción y el punto de venta los convierten en una fuente de financiación especialmente útil para las operaciones encubiertas. Y lo que es más importante, los ingresos procedentes de la venta de drogas están completamente al margen de los canales de financiación convencionales y constitucionales. Esto explica en parte el tráfico de drogas en zonas de conflicto de todo el mundo, desde Colombia hasta Afganistán. Por ejemplo, desde el inicio de las hostilidades en Afganistán con la participación de las fuerzas de la OTAN, el cultivo de adormidera y la producción de opio en bruto han aumentado de 3.000 a 6.000 toneladas al año.

Sin embargo, el impacto del tráfico de drogas en las comunidades y las economías en el punto de venta está poco estudiado. Consideremos, por ejemplo, el impacto en los mercados inmobiliarios y en los servicios financieros. El sector inmobiliario es un sector atractivo para emplear el exceso de dinero en efectivo procedente de la venta de drogas porque, como industria, carece totalmente de regulación con respecto al blanqueo de dinero. Como el dinero en efectivo es un método de pago aceptable y, en algunos lugares, familiar, se puede disponer fácilmente de grandes sumas sin mucho comentario. Esto puede dar lugar, y de hecho lo hace, a una considerable distorsión de la demanda local, que a su vez alimenta la especulación inmobiliaria y el aumento de la demanda de crédito para financiarla, además de ofrecer considerables oportunidades para la especulación y el fraude.

El embrollo de los contras iraníes en la década de 1980 contenía todos estos elementos; aunque muchos son conscientes de la venta de armas a Irán para proporcionar dinero en efectivo para financiar las guerrillas respaldadas por la CIA en Nicaragua y los escuadrones de la muerte en El Salvador, son menos conscientes de que las instituciones financieras locales y la venta de drogas en el sector bancario estadounidense aprovechan el dinero en efectivo generado por las actividades "ilegales", al tiempo que hacen posible el blanqueo de los fondos. Y cuando un banco quiebra, los accionistas, los depositantes no asegurados y los contribuyentes pagan la factura. El narcotráfico crea un entorno en el que los incentivos para dedicarse a una actividad no económica son mayores que los de la actividad económica. En resumen, los beneficios del robo son mayores que los del cumplimiento.

El poder de los gobiernos, combinado con los avances de la tecnología informática, ha facilitado la gestión de los flujos de caja nacionales -y, por extensión, internacionales- en las últimas cuatro décadas.

La victoria estadounidense en la Segunda Guerra Mundial condujo a la cooptación de todo Occidente y sus dependencias en el Fondo Monetario Internacional (FMI) negociado en Bretton Woods en 1944. Cuarenta y cinco años después, el colapso de la Unión Soviética en 1989 significó que, por primera vez en la historia, no había otra opción monetaria o política en el escenario internacional. El Imperio Británico se había rendido a los estadounidenses precisamente porque Estados Unidos ofrecía una alternativa a la libra esterlina, el dólar.

En la actualidad, Estados Unidos preside un sistema monetario mundial más o menos cerrado, basado en el dólar. En la práctica, esto significa que los países del sistema deben intercambiar valor real en forma de recursos naturales como el petróleo y el gas, productos manufacturados y materias primas con el cártel estadounidense a cambio de dólares, que no son más que un asiento contable creado de la nada. Esto es análogo a una empresa sin activos que intercambia acciones diluidas por dinero en efectivo, y no es un accidente. Fue una de las técnicas favoritas con las que la dinastía J. P. Morgan del siglo XIX financió con éxito la consolidación de la industria y las finanzas estadounidenses.

Sus herederos se dedican a hacer lo mismo, pero a escala

mundial. Y todo está ocurriendo a la vista, más allá del escenario de la conspiración. Gracias a su exclusivo control financiero, Estados Unidos ha podido embarcarse en costosas aventuras militares mundiales cuyo resultado no es nada seguro. Esto marca la culminación de más de cincuenta años de guerra continua, abierta y secreta. Se apoya en el aparato financiero más sofisticado de la historia, capaz de movilizar el dinero en efectivo generado por una amplia variedad de actividades tanto abiertas como encubiertas. El precio ha sido el vaciamiento gradual de la propia economía estadounidense y la erosión progresiva de las libertades civiles y del Estado de Derecho. También será el fin de esta República.

Todas las guerras comienzan con situaciones inventadas

En general, el partido de la guerra ha podido mantener el control de la política exterior estadounidense gracias a su control prácticamente inquebrantable del proceso político. Lo ha hecho gracias a su dominio del sistema bipartidista que ha consagrado a demócratas y republicanos como las dos únicas opciones reales para los votantes estadounidenses. Incluso cuando el pueblo estadounidense se oponía al intervencionismo -como en el período previo a la Segunda Guerra Mundial, por ejemplo- las élites proguerra manipularon el proceso político y se aseguraron de que los votantes tuvieran dos candidatos belicistas en lugar de uno. En 1968, en plena guerra de Vietnam, un proceso de selección de delegados cuidadosamente organizado eliminó a Eugene McCarthy de la candidatura presidencial demócrata. En la política presidencial, el sistema sólo ha fallado una vez, en el caso de George McGovern, y ha funcionado desde entonces con una eficacia despiadada para garantizar que el pueblo de Estados Unidos *nunca tenga* que votar sobre la dirección de la política exterior estadounidense.

Así es como entramos en la guerra, a pesar del sentimiento popular antibélico, y así es como seguimos en ella, a pesar del enorme porcentaje de la opinión pública estadounidense que dice que nuestra actual ocupación de Irak es innecesaria. Sin embargo, hay indicios de que el control del partido de la guerra sobre el liderazgo de al menos uno de los principales partidos está empezando a deshacerse. Este deshilachado es una respuesta al sentimiento antibélico de base que está dinamizando a un número creciente de activistas del Partido Demócrata -antiguos y nuevos-, obligando a los moribundos líderes a pronunciarse contra la ocupación de Irak o a unirse al senador Joe Lieberman, el más firme partidario de la guerra del presidente. Algunos dicen que se debe a que Bush es un firme partidario de Israel. De hecho, Lieberman es más monárquico que el rey, atacando cualquier idea de retirada de tropas como impermisible, e incluso exigiendo que se deje de hablar de retirada, y que Estados Unidos ataque a Irán.

El ala Lieberman de los demócratas siempre ha intentado limitar el debate, cerrar la discusión y controlar a los candidatos y la estructura organizativa del partido a nivel de circunscripción para garantizar que no surja ningún desafío al intervencionismo y al militarismo desde abajo. Estos fueron los últimos demócratas de Scoop Jackson, los precursores de los actuales "neoconservadores", que eran más belicosos que muchos republicanos en la época de la Guerra Fría, y que siempre insistieron en que la política debería detenerse en el borde del agua (es decir, que la política exterior nunca debería debatirse) y que debería permitirse que el gran consenso bipartidista a favor de la intervención global continuara sin ser cuestionado, para siempre.

Por lo general, se piensa que los neoconservadores son exclusivamente republicanos, pero esto ignora su historia como tendencia política e ideológica, y los antecedentes de los demócratas de Scoop Jackson, entre los que se encuentran Richard Perle, asesor de Jackson; Elliot Abrams, antiguo jefe de personal del senador Daniel P. Moynihan; y personajes "neobolcheviques" como Ben Wattenberg, Joshua Muravchik y Marshall.

Fue Truman, por supuesto, quien sentó el precedente al asumir el poder de enviar tropas al extranjero sin una declaración de guerra, una hazaña que ni siquiera Franklin Roosevelt, que aspiraba abiertamente a ser un dictador, se había atrevido a intentar.

Cuando la República Americana comenzó a transformarse en un imperio, se consideró necesario -por parte de los líderes de ambos partidos- dotar al jefe del ejecutivo de poderes imperiales, es decir, de la facultad de hacer la guerra sin consultar a nadie. En 1950, cuando el presidente Truman envió tropas estadounidenses a Corea, sólo unos pocos republicanos se opusieron a esta usurpación de la Constitución y advirtieron que los estadounidenses se arrepentirían algún día de haberlo permitido.

"Si el presidente puede intervenir en Corea sin la aprobación del Congreso", dijo el senador Robert A. Taft, "... puede ir a la guerra en Malasia, Indonesia, Irán o Sudamérica."

En cualquier caso, los demócratas de Truman lo están pasando mal estos días: las bases del partido -especialmente las llamadas net-roots- están teniendo un impacto real por primera vez desde la guerra de Vietnam. El ferviente apoyo de Lieberman a la guerra provocó oposición, y se enfrentó a unas primarias del partido, en las que el millonario Ned Lamont, que había hecho de la guerra el tema principal de la campaña, fue ganando terreno en las encuestas. Lamont fue elegido como candidato del partido por encima de Lieberman, que entonces pidió figurar en la papeleta como "independiente".

El apoyo de Lieberman a la guerra fue impopular entre los votantes, pero aparentemente muy bien financiado y apoyado por el lobby AIPAC; derrotó a Lamont y fue reelegido al Senado por otros cuatro años. Como copresidente de la nueva Comisión de Peligro Actual, Lieberman sirve de testaferro para el ala más radical del movimiento neobolchevique: destacados belicistas como James R. "Guerra Mundial IV" Woolsey, Ken "Cakewalk" Adelman, Frank Gaffney y Midge Decter, entre muchos otros, que creen que el apoyo de Estados Unidos a Israel es la cuestión más importante de la política estadounidense. Pero, por supuesto, "los terroristas" (es decir, los insurgentes iraquíes) pueden -y *están-* derrotándonos militarmente.

Son victoriosos mientras puedan mantener el actual estancamiento. En cuanto a la decepción del pueblo estadounidense en esta guerra, se debe a que se le ha mentido y se le ha llevado a un atolladero. La reciente condena de "Scooter" Libby, jefe de gabinete del vicepresidente Dick Cheney, ha abierto una maloliente lata de gusanos que demuestra cuán grande y extendida fue la panoplia de mentiras y engaños que llevaron a Estados Unidos a entrar en Irak por segunda vez. No es que haya una diferencia apreciable. Los conspiradores se han embarcado en una acción que se desarrolla a cielo abierto. En resumen, la administración Bush y sus socios británicos ya han superado la fase de conspiración.

La idea de que el neomedievalismo de Osama bin Laden y compañía supone una amenaza tan grande como el comunismo y/o el fascismo es absurda a primera vista: el movimiento comunista internacional, en su apogeo, representaba a millones de ideólogos comprometidos que, a su vez, contaban con el apoyo de la Unión Soviética y sus satélites con armamento nuclear. En prácticamente todos los países del planeta, los muy disciplinados agentes del Kremlin agitaron y reclutaron para su causa, acudiendo a la llamada de Moscú y manteniendo un perfil bajo cuando se requería discreción.

Los revolucionarios islamistas, en cambio, no pueden alegar tales ventajas: no tienen el poder del Estado en ningún lugar, y sus partidarios se limitan en gran medida a Oriente Medio y el norte de África, con pequeños puestos de apoyo en Afganistán y el sur de Asia. Además, esta fantasía de un "nuevo imperio del mal" en forma de "califato" islamista global no es un coco muy convincente. Aparte de la inutilidad de unir una comunidad de naciones árabes-musulmanas en gran medida disfuncional -lo que sólo conduciría a una disfunción a una escala mucho mayor-, este supuesto "califato" no amenazaría a nadie en Occidente. Israel -que, la última vez que miré un mapa, no está situado en Occidente- sería el único perdedor potencial.

En cuanto a la comparación con el fascismo y el

nacionalsocialismo: la Alemania nazi, en su apogeo, comandaba la máquina de guerra más poderosa del planeta. Hitler era el amo de Europa y sus ejércitos marchaban hacia Moscú, rodeaban los restos de la resistencia a la hegemonía alemana tomando el norte de África y se preparaban para atacar a los británicos.

¿Dónde hay una fuerza comparable en el mundo musulmán? Bush y Cheney están viviendo un episodio de ficción histórica, en el que son los héroes de la verdad que se atreven a nadar contra la corriente de opinión dentro de su propio partido. Luchan en nombre de la lucha por la "democracia" contra los "pacifistas" de la era moderna, que, según se insinúa, son hostiles a la guerra porque están secretamente (o no tan secretamente) a favor del enemigo.

Según Lieberman, si los demócratas se oponen a esta guerra inútil lanzada sobre la base de una mentira, entonces los terroristas habrán ganado porque les habremos permitido "dividirnos y derrotarnos políticamente". Si estás en contra de la guerra, estás a favor de Al Qaeda. "Este es el mensaje de Lieberman, que es tan coherente en este tema como George W. Bush, aunque sea un poco más vehemente.

La opinión de Bush-Cheney de que estamos inmersos en esta batalla épica -similar a la lucha contra el hitlerismo y el estalinismo- no la comparte absolutamente nadie que sepa algo de Al Qaeda o de Oriente Medio y que tenga una pizca de sentido común. Tanto el comunismo como el fascismo fueron movimientos de masas que tomaron el poder en varios países y fueron capaces de llevar a cabo un ataque militar convencional contra Estados Unidos.

Los islamistas radicales que han declarado la guerra a Estados Unidos son la vanguardia numéricamente débil de una insurgencia global capaz -por el momento- de emprender una guerra de guerrillas a pequeña escala. El comunismo era una creencia universal: el atractivo del comunismo y del fascismo era mucho mayor que el de Al Qaeda, que sólo puede esperar reclutar a los más alienados y a los más capaces de unirse a su causa. Pocos de los que no son ya musulmanes celosos se convertirán al

Islam radical.

Capítulo 3

La técnica del golpe de Estado

Analicemos la información sobre los golpes de Estado para ayudarnos a entender lo que está sucediendo hoy en día.

Desde Ucrania hasta el Líbano o Kirguistán, la iconografía de la revolución es siempre la misma. De hecho, muchos de los agentes responsables del cambio de régimen bajo Ronald Reagan y George Bush padre ejercieron de buen grado su oficio en el antiguo bloque soviético bajo Bill Clinton y George Bush hijo. Por ejemplo, el general Manuel Noriega relata en sus memorias que los dos agentes de la CIA y del Departamento de Estado que fueron enviados para negociar y luego organizar su caída del poder en Panamá en 1989 eran William Walker y Michael Kozak.

Walker reapareció en Kosovo en enero de 1999 cuando, como jefe de la Misión de Verificación de Kosovo, supervisó la creación artificial de una atrocidad ficticia, que resultó ser el *casus belli de* la guerra de Kosovo, mientras que Michael Kozak se convirtió en embajador de Estados Unidos en Bielorrusia, donde en 2001 montó la Operación Cigüeña Blanca para derrocar al presidente en funciones, Alexander Lukashenko. En un intercambio de cartas con *The Guardian* en 2001, Kozak admitió descaradamente que estaba haciendo en Bielorrusia exactamente lo que había hecho en Nicaragua y Panamá, es decir, "promover la democracia". La técnica moderna de un golpe de Estado tiene esencialmente tres componentes. Estos son:

> ➢ Organizaciones no gubernamentales
> ➢ Control de los medios de comunicación

> Los agentes secretos

Como sus actividades son efectivamente intercambiables, no las trataré por separado.

Serbia 2000 - "People Power".

El derrocamiento de Slobodan Milosevic no fue, obviamente, la primera vez que Occidente utilizó la influencia encubierta para lograr un "cambio de régimen". El derrocamiento de Sali Berisha en Albania, en 1997, y de Vladimir Meciar en Eslovaquia, en 1998, estuvieron muy influenciados por Occidente y, en el caso de Berisha, un levantamiento extremadamente violento se presentó como un ejemplo bienvenido y espontáneo de poder popular. Fue un ejemplo clásico de cómo la comunidad internacional, y en particular la Organización para la Seguridad y la Cooperación en Europa (OSCE), amañó los resultados de la supervisión electoral para garantizar el cambio político. Sin embargo, el derrocamiento de Slobodan Milosevic en Belgrado el 5 de octubre de 2000 es significativo porque es una figura muy conocida y porque la "revolución" que lo derrocó supuso una demostración muy ostentosa del llamado "poder popular".

El trasfondo del golpe contra Milosevic fue descrito brillantemente por la televisión británica Sky. Este relato es valioso porque elogia los acontecimientos descritos; también es interesante porque se jacta de tener amplios contactos con los servicios secretos, especialmente los de Gran Bretaña y Estados Unidos. Aquí está parte del programa:

En cada caso, el periodista parece saber quiénes son los actores clave de la inteligencia. Su relato está repleto de referencias a "un oficial del MI6 en Pristina", "fuentes de la inteligencia militar yugoslava", "un hombre de la CIA que estaba ayudando a organizar el golpe", "un oficial de la inteligencia naval estadounidense", etc. El periodista cita informes secretos de vigilancia de la policía secreta serbia; sabe quién es el funcionario del Ministerio de Defensa en Londres que está desarrollando la estrategia para deshacerse de Milosevic; sabe que la oficina del Ministro de Asuntos Exteriores británico en Pristina está desarrollando una estrategia para deshacerse de Milosevic.

Sabe quiénes son los oficiales de inteligencia rusos que acompañan a Yevgeny Primakov, el Primer Ministro ruso, a Belgrado durante el bombardeo de la OTAN; sabe qué habitaciones tienen micrófonos en la Embajada británica y dónde están los espías yugoslavos que escuchan las conversaciones de los diplomáticos; sabe que un miembro del personal del Comité de Relaciones Internacionales de la Cámara de Representantes de Estados Unidos es, de hecho, un oficial de la Inteligencia Naval estadounidense. Describe cómo la CIA escoltó físicamente a la delegación del Ejército de Liberación de Kosovo (ELK) desde Kosovo a París para las conversaciones previas a la guerra en Rambouillet, donde la OTAN dio a Yugoslavia un ultimátum que sabía que sólo podía rechazar; y se refiere a "un periodista británico" que actuaba como intermediario entre Londres y Belgrado para negociaciones secretas de alto nivel de vital importancia, mientras se buscaba traicionar a los demás a medida que el poder de Milosevic se derrumbaba.

Uno de los temas que atraviesa involuntariamente el informe es la delgada línea que separa a los periodistas de los espías. Desde el principio, se refiere casualmente a "los inevitables vínculos entre funcionarios, periodistas y políticos", afirmando que las personas de las tres categorías "trabajan en el mismo campo".

El periodista bromea a continuación diciendo que "fue una combinación de 'espías', 'periodistas' y 'políticos', sumada a 'el pueblo', lo que provocó el derrocamiento de Slobodan Milosevic". Cae en el mito de que "el pueblo" estuvo involucrado, pero el resto de su informe muestra que, de hecho, el derrocamiento del presidente yugoslavo sólo se produjo debido a las estrategias políticas deliberadamente diseñadas en Londres y Washington para deshacerse de él." En resumen, no tenía nada que ver con el "poder del pueblo".

Sobre todo, el periodista deja claro que en 1998 el Departamento de Estado y las agencias de inteligencia estadounidenses decidieron utilizar al Ejército de Liberación de Kosovo para deshacerse de Slobodan Milosevic. Cita a una fuente: "La agenda estadounidense estaba clara. En su momento, iban a utilizar al ELK para dar una solución al problema político", siendo el "problema" la supervivencia política de Milosevic. Esto significó apoyar el secesionismo terrorista del ELK y, posteriormente, librar una guerra contra Yugoslavia junto a él. El periodista cita a Mark Kirk, un oficial de inteligencia naval estadounidense, diciendo: "Finalmente, lanzamos una operación masiva contra Milosevic, tanto encubierta como abierta".

La parte encubierta de la operación consistía no sólo en llenar las diversas misiones de observadores enviadas a Kosovo con oficiales de inteligencia británicos y estadounidenses, sino también -y esto es crucial- en proporcionar apoyo militar, técnico, financiero, logístico y político al ELK, que, como él mismo admite, "traficaba con drogas, organizaba chanchullos de prostitución y asesinaba a civiles". En resumen, el ELK era un grupo de matones y asesinos.

La estrategia comenzó a finales de 1998, cuando "una enorme misión de la CIA (se puso en marcha) en Kosovo". El Presidente Milosevic había permitido a la misión de observadores diplomáticos entrar en Kosovo para supervisar la situación en la provincia. Fue un error fatal.

A este grupo ad hoc se sumaron inmediatamente oficiales de inteligencia y fuerzas especiales británicas y estadounidenses: hombres de la CIA, de la inteligencia naval estadounidense, del SAS británico y del llamado "Regimiento 14 ", un cuerpo del ejército británico que opera junto al SAS para proporcionar la llamada "vigilancia profunda".

El objetivo inmediato de esta operación era la "preparación de la inteligencia del campo de batalla", una versión moderna de lo que hacía el Duque de Wellington, que recorría el campo de batalla para hacerse una idea del terreno antes de enfrentarse al enemigo. Blücher pensó que era una pérdida de tiempo, pero se demostró que estaba equivocado. Así que, como él dice: Oficialmente, la KDOM era dirigida por la Organización para la Seguridad y la

Cooperación en Europa... extraoficialmente, era dirigida por la CIA.... La organización estaba llena de ellos... Era una fachada de la CIA.

Los americanos deben tener muchas preguntas sobre esto. ¿La operación encubierta fue aprobada por el Congreso y, en caso afirmativo, en qué se basó? Si se aprobó, contradecía la Constitución de los Estados Unidos y nunca debería haberse financiado.

Muchos de estos oficiales trabajaban en realidad para otro frente de la CIA, DynCorp, una empresa con sede en Virginia que emplea principalmente a "miembros de unidades de élite del ejército estadounidense o de la CIA". Utilizaron la KDOM, que luego se convirtió en la Misión de Verificación de Kosovo, con fines de espionaje. En lugar de llevar a cabo las tareas de vigilancia que se les habían asignado, los oficiales salieron a utilizar sus dispositivos de posicionamiento global para localizar e identificar objetivos, que luego serían bombardeados por la OTAN. Es difícil entender cómo los yugoslavos permitieron que 2.000 agentes de los servicios secretos altamente capacitados vagaran por su territorio, sobre todo porque Milosevic sabía exactamente lo que estaba pasando. (Fin de la cita)

El jefe de la Misión de Verificación de Kosovo (KVM) era William Walker, el hombre enviado para expulsar a Manuel Noriega del poder en Panamá y antiguo embajador en El Salvador, cuyo gobierno respaldado por Estados Unidos dirigía escuadrones de la muerte. Walker "descubrió" la "masacre" de Račak en enero de 1999, acontecimiento que sirvió de pretexto para poner en marcha el proceso, lo que llevó al ministro de Asuntos Exteriores alemán, Joschka Fisher, a calificar "Račak como punto de inflexión". Ninguna de estas personas tenía mucha credibilidad en su momento, y menos aún hoy si se comparan sus acciones con lo que ha sucedido desde entonces.

Como para subrayar la importancia del relato de Walker, los jueces del tribunal de La Haya le dieron casi dos días para declarar. Su "testimonio" *iba a* ser el punto culminante del supuesto papel de Milosevic en la llamada masacre de Račak, que preparó el camino para el bombardeo de la OTAN sobre Yugoslavia. Por el contrario, cuando Milosevic preguntó cuánto tiempo debía interrogar al testigo, el juez May respondió: *"Tres horas, no más: si se abstiene de discutir con el testigo, si se abstiene de repetir la pregunta, si hace preguntas cortas, puede obtener más resultados."* A pesar de esta fea muestra de parcialidad evidente por parte de May, que en cualquier otra circunstancia la habría apartado del banquillo, las cosas no salieron como la fiscal Carla del Ponte había planeado.

William Walker era el jefe de la Misión de Verificación de Kosovo (KVM), creada bajo la supervisión de la OSCE tras un acuerdo entre Milosevic y el enviado estadounidense Richard Hollbrooke el 13 de octubre de 1998. Antes de su comparecencia en La Haya, dos de los inspectores de armas de Walker habían testificado sobre los acontecimientos en Kosovo antes del bombardeo de la OTAN: su adjunto, el general Karol Drewienkiewicz, y el coronel Richard Ciaglinski. También declararon sobre la supuesta masacre de Račak. ¿Cuál era el caso contra Milosevic?

El 15 de enero de 1999, miembros de la policía y el ejército serbios, acompañados por inspectores del KVM y los medios de comunicación, montaron una operación contra hombres armados del Ejército de Liberación de Kosovo (KLA), que creían escondidos en Račak, tras emboscar y matar a tres policías. El ejército envió vehículos blindados y artillería a Račak, Petroovo, Malopoljce y Renaja. Dos días después, tras los intensos combates entre las fuerzas yugoslavas y el ELK, Drewienkiewicz y Walker visitaron la zona. Drewienkiewicz explicó cómo en el camino: *"Walker me dejó claro que tenía que adoptar una actitud extremadamente inflexible en este asunto.* Al llegar, el ELK los llevó a un barranco que contenía 45 cadáveres. Ningún representante del gobierno serbio estuvo presente durante este "examen".

Una vez descubiertos los cuerpos, Drewienkiewicz dijo al tribunal que *"el asistente de Walker corrió a la cima de una colina para llamar a la OTAN".* En una conferencia de prensa esa noche, Walker anunció que había habido una masacre (sin mencionar la muerte de los tres policías). Poco antes del anuncio, Drewienkiewicz dice que oyó a Walker decir a Richard Hollbrooke por teléfono: *"Dick, puedes despedirte de tu Premio Nobel de la Paz"*. Drewienkiewicz añadió: *"Me sorprendió en su momento que fuera tan específico como para referirse al suceso como una masacre. Sin embargo, estoy de acuerdo con lo que ha dicho."*

Walker admitió que Drewienkiewicz le había informado 14 horas antes -en la noche del 15 de enero- de la existencia de combates en la zona entre el ELK y el ejército y de que tres policías habían sido asesinados en la zona tres o cuatro días antes. También estaba al tanto de los informes policiales del 15 de enero, según los cuales 15 milicianos del ELK habían muerto en Račak, pero en la conferencia de prensa dijo que no lo creía. La película también le muestra caminando entre cadáveres con el uniforme del ELK.

Walker dio su conferencia de prensa el 16 de enero sin mencionar al policía muerto ni al ELK y diciendo que los cuerpos eran todos civiles. Su comunicado de prensa fue, dijo, "totalmente mi creación". (Página 6805)

Walker admitió que "no era un investigador de la escena del crimen" (página 6801) y cuando una de ellas llegó -la juez Danica Marinkovi- el 17 de enero, se negó a reunirse con ella. Durante su testimonio, dijo que no recordaba que Hollbrooke o el comandante de la OTAN, el general Wesley Clark, hubieran hablado con él: *"No recuerdo haber hablado con algunas de las personas que luego dijeron que habían hablado conmigo"*.

Sin embargo, Wesley Clark recuerda haber hablado con Walker. En su libro, Clark describe una llamada telefónica de Walker el 16 de enero: *"Wes, tenemos problemas aquí"*, comenzó.

> "Reconozco una masacre cuando la veo. Los he visto antes, cuando estuve en Centroamérica. Y ahora veo una masacre... Hay cuarenta en una zanja, tal vez más. No son luchadores, son agricultores, se nota en sus manos y en su ropa. Y les dispararon a corta distancia".

El relato de Walker fue cuestionado por las conclusiones de un equipo forense finlandés llamado a investigar el incidente. El equipo criticó en primer lugar el hecho de que, en la prisa por describir el incidente de Račak como una masacre, no se hubieran llevado a cabo los procedimientos básicos de la escena del crimen. Tres días después del suceso, el equipo forense finlandés informó de que en ningún momento se había aislado el lugar del incidente para evitar el acceso no autorizado. El informe decía:

> Seguridad y Cooperación en Europa (OSCE) y la Unión Europea o la prensa.

> Otros resultados muestran que sólo una víctima fallecida era mujer. Una de las víctimas era menor de 15 años. Seis habían sufrido heridas de bala. La mayoría de los 44 tenían múltiples heridas desde diferentes ángulos y elevaciones, características de un tiroteo más que de una ejecución a corta distancia. Sólo uno había recibido un disparo a corta distancia y no había pruebas de mutilación post mortem. El equipo no pudo confirmar que las víctimas fueran de Račak.

Compara la actitud de Walker hacia Račak con su actitud hacia el asesinato de seis sacerdotes jesuitas en El Salvador o el asesinato de adolescentes en Pec por parte del ELK. En El Salvador, Walker intentó culpar del asesinato de los jesuitas a los guerrilleros disfrazados de soldados. Le dijo al TPIY:

> "En retrospectiva, hice una declaración inexacta.

Cuando el ELK fue acusado de matar a adolescentes serbios en Pec, dijo:

> "Cuando no se sabe lo que pasó, es mucho más difícil decirlo... A día de hoy, no sabemos quién cometió este acto.

No mostró la misma precaución con Račak.

Cuando Milosevic trató de referirse a los acontecimientos de El Salvador, el juez May intervino diciendo: *"Su intento de desacreditar a este testigo con acontecimientos de hace tanto tiempo que la Sala de Primera Instancia los consideró irrelevantes"*. Y más tarde: *"Es una pregunta absurda, absolutamente absurda. Ahora estás haciendo perder el tiempo a todo el mundo".* Los miembros del jurado pueden sacar sus propias conclusiones de la actitud de Mays en cuanto a si era o no apto para juzgar los asuntos en cuestión.

Milosevic llamó la atención sobre el hecho de que Walker estaba en el mismo aeropuerto, Illopango, con el teniente coronel Oliver North, que suministraba armas a los Contras, mientras que Walker se suponía que les proporcionaba ayuda humanitaria. Walker lo explicó diciendo

> "Sin que yo lo supiera, sin que lo supiera el Departamento de Estado, sin que lo supiera el mundo, un coronel Oliver North en el Consejo de Seguridad Nacional estaba haciendo cosas que finalmente fueron declaradas ilegales por el juez Walsh y su comisión. "

Milosevic siguió tratando de desacreditar el relato de Walker y su interpretación de los acontecimientos de Račak.

Preguntó a Walker:

> Ya que estamos hablando de Račak, en su declaración dice esto: "Mirando estos cuerpos, me di cuenta de varias cosas. En primer lugar, a juzgar por las heridas y la sangre que los rodeaban, así como por los charcos de sangre seca en el suelo alrededor de los cuerpos, era obvio que se trataba de las ropas que llevaban cuando fueron asesinados. No me cabía duda de que habían muerto en el lugar donde yacían. La cantidad y la ubicación de la sangre en el suelo frente a ellos, cada uno de ellos, era una clara indicación de ello.

Milosevic pidió que se mostraran una serie de fotos de los cuerpos en el orden correcto y pidió :

> ¿Dónde está esta sangre cerca de los cuerpos o los cuerpos individuales? ¿Dónde has visto rastros de sangre?

Así comenzó el siguiente intercambio:

Walker: *"¿En esta foto?*

Milosevic: *"¿Hay sangre aquí, en algún lugar? "*

Walker: *"Supongo que es sangre. "*

Milosevic: *"Usted habla de charcos de sangre en el suelo, y en el suelo no hay nada de sangre.*

Walker: *"No en esta foto. "*

Milosevic: *"Tampoco en la foto anterior. ¿Hay sangre, rastros de sangre, charcos de sangre aquí en el suelo también? "*

Walker: *"No en esta foto. "*

Milosevic: *"Ni siquiera aquí, no hay sangre en el suelo, y vemos que hay piedras por todas partes.*

Algunas de las fotografías utilizadas en el juicio fueron tomadas por uno de los observadores de Walker en el KVM, un inspector de la Policía Metropolitana de Londres, Ian Robert Hendrie, que recientemente había declarado en el juicio su viaje al "lugar de la masacre".

Cuando Milosevic le preguntó si había visitado el lugar acompañado o solo, Hendrie respondió que alguien le había mostrado el lugar. Se le preguntó quién y respondió: *"No lo sé.* Hendrie no pudo explicar por qué sus fotografías sólo mostraban manchas de sangre y no charcos. En su anterior testimonio, el médico forense jefe del TPIY, Eric Baccard, admitió que la rigidez y la posición de los cuerpos eran inusuales y que podían haber sido movidos. En cuanto a las heridas de bala, dijo que era imposible decir si se debían a "un accidente, un homicidio o un conflicto armado".

En un incidente, Milosevic le preguntó a Walker si conocía a un historiador canadiense, Roly Keith, que había trabajado para la OTAN durante 30 años y que era el líder del KVM en Kosovo Polje. Walker respondió negativamente y, por lo tanto, admitió que no recordaba a su propio líder del KVM en Kosovo.

La razón de la memoria selectiva de Walker salió a la luz cuando Milosevic presentó una cita de Keith que contradecía el testimonio de Walker sobre la situación en Kosovo. dijo Keith:

> "Puedo atestiguar que en febrero y marzo no hubo ningún genocidio. En cuanto a la limpieza étnica, no estuve presente y no vi ningún hecho que pudiera calificarse de limpieza

étnica. Con respecto a mi respuesta anterior, me gustaría aclarar que fui testigo de una serie de incidentes, y la mayoría de ellos fueron provocados por el ELK, por lo que las fuerzas de seguridad, asistidas por el ejército, reaccionaron. "

Capítulo 4

Un tribunal parcial

L os silencios y evasivas de Walker sobre las actividades del ELK volvieron a ponerse de manifiesto cuando Milosevic le preguntó si había leído el artículo del *Sunday Times del* 12 de marzo de 2000 titulado "CIA Aided Kosovo Guerrilla Army". Walker respondió negativamente. El artículo explicaba cómo oficiales de inteligencia estadounidenses habían ayudado a entrenar al ELK antes del bombardeo de la OTAN sobre Yugoslavia. La CIA supervisó el alto el fuego en Kosovo en 1998 y 1999, al tiempo que proporcionaba al ELK manuales de entrenamiento y asesoramiento sobre el terreno.

El artículo también cuestiona el papel de Walker en la preparación del camino para los ataques aéreos de la OTAN. "La agenda de EE.UU. consistía en que sus observadores diplomáticos, también conocidos como la CIA, operaran en condiciones completamente diferentes a las del resto de Europa y la OSCE, dijo un enviado europeo". Aunque Walker rechazó las afirmaciones de que quería ataques aéreos, admitió que la CIA participó en la cuenta atrás. dijo Walker:

> "De la noche a la mañana, pasamos de un puñado de personas a 130 o más. ¿Podría la agencia haberlos traído en ese momento? Por supuesto que podrían haberlo hecho. Ese es su trabajo. Pero nadie me lo dijo. "

Aunque no hay pruebas de que Walker fuera un agente de la CIA, su papel no fue en muchos sentidos diferente al modus operandi de la CIA. El artículo continúa diciendo que, según antiguas fuentes de la CIA, los observadores diplomáticos eran "una fachada de la CIA, que reunía información sobre las armas y los líderes del ELK". Un agente dijo: "Les diría qué colina deben evitar, qué bosques deben pasar, ese tipo de cosas". Klorin Krasniqi, constructor neoyorquino y uno de los líderes del ELK, dijo:

"Sólo fue la diáspora albanesa la que ayudó a sus hermanos".

El artículo describe cómo el ELK sorteó una laguna jurídica que permitía la exportación de rifles de francotirador a los clubes de caza. Agim Ceku, comandante del ELK, había hecho muchos contactos durante las últimas etapas de la guerra gracias a su trabajo en el ejército croata. Afirmó que el ejército croata había recibido ayuda de una empresa estadounidense llamada Military Professional Resources Inc. cuyo personal estaba en Kosovo en ese momento. El testimonio de Walker fue otra debacle para el tribunal de La Haya. Se ha filtrado demasiada información sobre la verdadera serie de acontecimientos que condujeron al bombardeo de Serbia en 1999. La cuestión de si hubo una masacre en Račak requerirá más estudio, aunque hay suficientes pruebas para que cualquier observador objetivo se incline por la cautela. Lo que sí es cierto es que Walker desempeñó un papel fundamental a la hora de proporcionar a la OTAN una justificación para bombardear Yugoslavia.

Como escribió en una ocasión Jacob de Haas, biógrafo del juez del Tribunal Supremo de los Estados Unidos, Brandeis:

"Sin embargo, las negociaciones gubernamentales para transacciones de esta naturaleza son siempre secretas y suele ser muy difícil obtener pruebas concluyentes en el momento de la transacción. Cuando el acontecimiento es irremediable y se pierde en las brumas del pasado, los hombres se inclinan por escribir sus memorias y presumir de hazañas secretas que en su día conmovieron al mundo. "

Sabemos que, a pesar de que los dados estaban cargados en su contra por May y Carla del Ponte, Milosevic planteó una defensa tan vigorosa que, en opinión de muchos observadores, el tribunal dio la impresión de ser parcial en su contra, dejándole pocas posibilidades de refutar las acusaciones en su contra. Luego, muy misteriosamente, en circunstancias que parecen muy sospechosas, Milosevic fue encontrado muerto en su celda,

JOHN COLEMAN

supuestamente por causas naturales.

Pero su médico y su familia plantearon serias dudas sobre la causa de su muerte. A pesar de las fuertes protestas de su familia, se mantuvo el veredicto de muerte por causas naturales.

Kozak y Walker alientan las revoluciones

Lo que se desprende del derrocamiento de los gobiernos electos de Panamá en 1989, de Serbia en 2000, de Bielorrusia en 2001, de Venezuela en 2003, de Georgia en 2003, de Ucrania en 2004, de Kirguistán en 2005 y del Líbano en 2007 (en curso), el nexo de unión es siempre la afirmación estadounidense de que el principio subyacente es la "difusión de la democracia". He hecho un estudio de todas las "revoluciones" mencionadas y los resultados se han publicado en mi serie de monografías, empezando por el traspaso ilegal del canal de Estados Unidos en Panamá y el derrocamiento del general Manuel Noriega.

Las principales tácticas perfeccionadas en Panamá se pusieron en práctica en América Latina durante las décadas de 1970 y 1980 bajo las presidencias de Reagan y George Herbert Walker Bush. No importaba que estos dos presidentes estadounidenses se declararan "conservadores". Aunque no bajo la bandera de la "difusión de la democracia" -que más tarde se cambió por la de "cambio de régimen"-, me refiero a ella aquí para mostrar que la connivencia entre Gran Bretaña y Estados Unidos es parte integrante de los planes para hacer avanzar el Nuevo Orden Mundial. El ataque británico a las Islas Malvinas, provocado y dirigido por Thatcher, fue posible en gran parte gracias a Reagan, que violó la Doctrina Monroe y ayudó materialmente a la fuerza de invasión británica, de nuevo en total violación de la Constitución estadounidense.

Para que ese sabotaje estratégico de la infraestructura civil de un régimen político tenga éxito, debe haber un núcleo de personas capacitadas sobre el terreno para ejecutar el plan, y lo que se puso de manifiesto fue que muchos de los agentes del cambio de régimen bajo Ronald Reagan y George Bush el Viejo, ya sean funcionarios de la CIA, del Departamento de Estado o de los medios de comunicación, habían adquirido todos ellos experiencia en el antiguo bloque soviético bajo las presidencias de Clinton y George W. Bush. El general Manuel Noriega lo confirma en sus memorias al decir que los dos agentes de la CIA y del Departamento de Estado que fueron enviados a Panamá para provocar su caída del poder en 1989 eran William Walker y Michael Kozak. Ya nos hemos reunido con William Walker en Honduras y El Salvador, y más recientemente en Kosovo, en enero de 1999, cuando Clinton lo nombró jefe de la misión de verificación de Kosovo.

Kozak fue nombrado embajador de Estados Unidos en Bielorrusia y utilizó el recinto de la embajada como base, desafiando todas las normas diplomáticas, para fomentar *la Operación Cigüeña Blanca* en 2001 para derrocar al presidente en funciones, Alexander Lukashenko. Esto fue un eco de la operación montada contra el Dr. Henrik Verwoerd de la República de Sudáfrica, donde el derrocamiento fue gestionado por la Embajada de EE.UU. en Pretoria, desde donde toda la ayuda, la comodidad y la enorme generosidad financiera se dio al comunista Congreso Nacional Africano (ANC) bajo el pretexto de llevar la "democracia" a Sudáfrica. El eslogan "Un hombre, un voto" fue probablemente obra del Instituto Tavistock. Kozak hizo una conspiración abierta cuando escribió a *The Guardian* en 2001, admitiendo que lo que estaba haciendo en Bielorrusia era exactamente lo que había hecho en Nicaragua y Panamá, es decir, "promover la democracia". Este eufemismo se utilizó para encubrir un golpe de Estado contra países que no contaban con el sello del Nuevo Orden Mundial.

Jeremy Bentham, uno de los instigadores y planificadores de la Revolución Francesa (un ejemplo temprano de la "introducción de la democracia" en Francia), fue uno de los primeros en hacer del derrocamiento del gobierno elegido de Francia un "movimiento popular".

Otros elementos esenciales para el éxito de un golpe son los eslóganes ingeniosos, los organismos, sociedades y organizaciones no gubernamentales ("Liberté, égalité, fraternité") ("Un hombre, un voto"), los agentes secretos sobre el terreno y el control de la publicidad por parte de los medios de comunicación.

Las operaciones en Panamá, América Latina y los países del antiguo bloque soviético fueron más allá de las empresas conspirativas del Nuevo Orden Mundial. Como hemos visto en Panamá, Bielorrusia y Serbia, incluso se anunciaban como tales. En el caso de Serbia, los medios de comunicación difundieron ampliamente que la "revolución" era una manifestación del "poder popular". Esta afirmación se repitió repetidamente durante la "Revolución Naranja" en Ucrania. Serbia se benefició de la gestión y cooperación de los llamados países "neutrales", en particular Suecia.

Se recordará que Suecia desempeñó un papel masivo en el regreso de Lenin y Trotsky a Rusia y en la financiación de la revolución bolchevique, que fue una de las primeras revoluciones supuestamente emanadas del "poder popular". Esto implicaba, como en el caso del CNA en Sudáfrica, dar grandes sumas de dinero, así como apoyo técnico, logístico y estratégico, incluyendo armas, a diversos grupos de "oposición democrática" y "organizaciones no gubernamentales". En la operación serbia, Walker y sus asociados trabajaron principalmente a través del Instituto Republicano Internacional, supuestamente una organización no gubernamental privada de Washington DC, que había abierto oficinas en la vecina Hungría.

El dinero y todas las demás necesidades se introdujeron en Serbia mediante valijas diplomáticas (una grave violación del protocolo diplomático). La pretensión de neutralidad, como en el caso de Suecia, que es sólo un ejemplo que cito, se mantuvo al no participar en la guerra ilegal y criminal de la OTAN contra Serbia, permitiéndole mantener una embajada completa en Belgrado con el espurio argumento de que era neutral.

Creo que la participación de la OTAN en la guerra contra Serbia violó las siguientes convenciones y que, por lo tanto, en virtud de una o de todas ellas, es culpable de crímenes de guerra:

> ➤ Los protocolos de Nuremberg
> ➤ Los cuatro Convenios de Ginebra
> ➤ La Carta de las Naciones Unidas
> ➤ La Convención de la Unión Europea
> ➤ Las normas de La Haya que rigen los bombardeos aéreos

Serbia es el único país europeo que ha sido bombardeado desde el final de la Segunda Guerra Mundial, con cientos de toneladas de bombas lanzadas sobre objetivos principalmente civiles. Hasta la fecha, los autores de este crimen de guerra, es decir, el presidente Clinton, el general Wesley Clark, Madeline Albright, los generales de la OTAN, el presidente del Consejo de la Unión Europea y el secretario general de las Naciones Unidas, aún no han sido acusados de crímenes de guerra. En el caso de los estadounidenses, además, han violado gravemente la Constitución de los Estados Unidos en cinco de sus disposiciones (la ley suprema del país) y, según las disposiciones de la Constitución de los Estados Unidos, deberían haber sido destituidos, sometidos a juicio político y juzgados por traición. La compra de medios de comunicación es uno de los principales ingredientes para el éxito de un golpe de Estado. Los medios de comunicación supuestamente "independientes", como la emisora de radio B92, fueron financiados en gran medida por organizaciones estadounidenses controladas y financiadas por George Soros, que posteriormente desempeñó un papel crucial en Ucrania y Georgia. Los llamados "demócratas", constantemente presentados como tales por los chacales de la prensa estadounidense y británica, eran agentes extranjeros, como Milosevic había declarado con razón. El golpe político que derrotó a Milosevic comenzó inmediatamente después de la primera vuelta de las elecciones presidenciales. Lo que se presentó en las pantallas de televisión occidentales como un "levantamiento espontáneo del pueblo" consistió en un grupo cuidadosamente seleccionado de delincuentes extremadamente violentos y matones armados bajo el mando de Velimir Ilic, el alcalde de la ciudad de Cacak.

El convoy de 40 km de longitud que se dirigía al edificio del Parlamento Federal en Belgrado no estaba formado por ciudadanos que buscan la democracia, sino por matones, abucheadores, unidades paramilitares de la "Pora Negra" y un equipo de kick-boxing. El hecho es que el 5 de octubre de 2000 se ocultó cuidadosamente un golpe de estado virtual bajo la falsa fachada de una revolución del poder popular, y se presentó al mundo como tal por los vigilantes de los medios de comunicación.

El siguiente país en sentir el húmedo aliento de la "democracia popular" fue Georgia. Las técnicas aprendidas y perfeccionadas en Panamá, Honduras, Guatemala y Serbia, ahora tácticas golpistas habituales, se pusieron en práctica en Georgia en noviembre de 2003 para derrocar al presidente Edward Shevardnadze. Las mismas acusaciones falsas o distorsionadas se hicieron y repitieron una y otra vez en el método de repetición de "grandes mentiras" perfeccionado por Joseph Goebbels. Los medios de comunicación cómplices de Estados Unidos, sin molestarse en comprobar los hechos, publicaron acusaciones de que las elecciones habían sido amañadas, cuando, sorprendentemente, estas acusaciones se habían hecho mucho antes de las propias elecciones. Se ha iniciado una guerra de palabras contra Shevardnadze después de que durante mucho tiempo fuera idolatrado como gran reformista y demócrata. Como en el caso de Belgrado, los acontecimientos se desencadenan después de un "asalto al parlamento", debidamente transmitido en directo por la televisión.

Ambos traspasos de poder fueron negociados por el ministro ruso, Igor Ivanov, que viajó a Belgrado y Tiflis para organizar la salida del titular. El papel de Ivanov parece haber sido el de un Judas (especialmente porque era bien conocido por Shevardnadze y Milosevic de Serbia). ¿Quizás era una vieja cuenta pendiente con Shevardnadze? Otro denominador común entre Belgrado y Tiflis era el embajador estadounidense Richard Miles.

Las operaciones civiles encubiertas apoyadas por enormes sumas de dólares estadounidenses desempeñaron un papel fundamental en Georgia, al igual que en Serbia. En ambos casos, fue imposible obtener detalles antes de que esta información vital se publicara mucho después de los acontecimientos, por lo que no sirvió para contrarrestar la enorme propaganda anti-Shevardnadze sobre el "poder del pueblo" que se manifiesta en la oposición a Shevardnadze. Como es habitual en estos casos, los chacales de los medios de comunicación se encargaron de omitir en la prensa y la televisión todos los incidentes y toda la información que apoyaba a Shevardnadze. En el caso de Ucrania, vemos la misma combinación de trabajo de las organizaciones no gubernamentales respaldadas por Occidente, los medios de comunicación y los servicios secretos. Las organizaciones no gubernamentales (ONG) desempeñaron un enorme papel en la deslegitimación de las elecciones *incluso antes de que se celebraran*. Las acusaciones de fraude generalizado se repiten constantemente. En otras palabras, las protestas callejeras que estallaron tras la segunda ronda, ganada por Yanukovich, se basaron en acusaciones que *ya* circulaban *antes de que comenzara la primera ronda. La* principal ONG que está detrás de estas acusaciones, el Comité de Votantes Ucranianos, no recibió ni un solo céntimo de los votantes ucranianos, sino que fue financiada en su totalidad por Estados Unidos. El Instituto Nacional Democrático, una de sus principales filiales, ha difundido un flujo constante de propaganda contra Yanukovich.

Durante los propios acontecimientos, un observador español neutral pudo documentar algunos de los abusos de la propaganda. Entre ellas, la interminable repetición del supuesto fraude electoral por parte del gobierno; el constante encubrimiento del fraude por parte de la oposición; la frenética venta de Viktor Yushchenko, uno de los hombres más aburridos del mundo, tan carismático como una momia egipcia; y la ridícula e improbable historia de que había sido envenenado deliberadamente por sus enemigos. (Nunca se produjeron detenciones ni se presentaron cargos en este extravagante caso).

Un interesante artículo de C.J. Chivers en el *New York Times* indica que, bajo la supervisión de elementos de origen estadounidense, el KGB ucraniano llevaba meses trabajando para Yushchenko antes de que se produjera el llamado "levantamiento popular". Salieron a la luz detalles de cómo se adaptó la doctrina militar para provocar el cambio político (después de los hechos) y que se utilizaron "encuestas de opinión" amañadas. La metodología del lavado de cerebro y el uso de la "condición direccional interna" estaba en línea con la metodología del Instituto Tavistock de Relaciones Humanas.

En los relatos anteriores hemos visto la aplicación de la "diplomacia del engaño" del Nuevo Orden Mundial[3] en su fase conspirativa.

Mucho de lo que he escrito ha salido a la luz en muchos casos, lo que demuestra que (al menos en mi opinión) a los controladores del Nuevo Orden Mundial ya no les importa si la gente se entera de sus maquinaciones o no - es un hecho conspirativo, una conspiración abierta y es como si los EE.UU. se sintieran orgullosos del protagonismo que tienen y no les importara quién lo sepa.

La revolución naranja en Ucrania

El ucraniano Víktor Yanukóvich, humillado en la "Revolución Naranja" de 2004, estaba a punto de celebrar su regreso a la escena política como primer ministro después de que su archienemigo, el presidente Víktor Yúschenko, le diera su apoyo. El prooccidental Yúschenko, artífice de la revolución que derribó el viejo orden ucraniano, eligió a regañadientes la "cohabitación" con las inclinaciones moscovitas de Yanukóvich en las primeras horas para poner fin a cuatro meses de estancamiento político.

Su única alternativa real había sido disolver el parlamento,

[3] Véase Diplomacy by Lying, an account of the treachery of the governments of England and the United States, Omnia Veritas Ltd, www.omnia-veritas.com

prolongar la crisis y arriesgarse a nuevas elecciones que podrían haberle destruido políticamente. Yushchenko dijo que había decidido proponer a Yanukovich como primer ministro de una coalición tras obtener garantías por escrito de que no intentaría revertir las reformas de mercado y las políticas prooccidentales. No se han dado detalles de las concesiones hechas por Yanukóvich, que es partidario de un acercamiento a Rusia, tradicional aliado del país ex soviético. Se esperaba que el Parlamento aprobara más tarde el nombramiento de Yanukóvich como primer ministro, después de que su Partido de las Regiones firmara una declaración de principios comunes con el partido Nuestra Ucrania de Yúschenko y otros partidos de la coalición. El acuerdo puso fin a cuatro meses de bloqueo político durante los cuales Ucrania sólo tuvo un gobierno provisional. Aparte de las concesiones obtenidas de Yanukovich, se cuestionó la reacción de las bases contra Yushchenko en sus propias filas "naranjas" por haber llegado a un acuerdo con Yanukovich. La carismática y radical Yulia Timoshenko, otro importante actor de Ucrania que quedó al margen del acuerdo, aún no había mostrado sus cartas.

Su bloque político quedó en segundo lugar en las elecciones parlamentarias de marzo, que el partido de las Regiones de Yanukóvich ganó con facilidad. Aunque pudo retrasar su nombramiento unas horas, no tenía suficientes votos en el Parlamento para bloquearlo. Tras horas de conversaciones nocturnas para tratar de encontrar un acuerdo de coalición, Yúschenko dijo en un discurso televisado: "He *decidido proponer a Víktor Yanukóvich* como *Primer Ministro de Ucrania.* Yushchenko abandonó su otra opción, muy arriesgada, de disolver el parlamento y celebrar nuevas elecciones, y optó en cambio por una "cohabitación" potencialmente complicada con Yanukovich. El candidato prorruso Viktor Yanukovich, perdedor de la "Revolución Naranja" de 2004, es el ejemplo de Ucrania. Rechazado por los comentaristas después de la revolución, finalmente consiguió el nombramiento de primer ministro tras semanas de torturadas negociaciones. Yanukóvich se negó a ser olvidado tras conceder la derrota en las elecciones presidenciales de 2004 a su archienemigo Víktor Yúschenko, al que cientos de miles de manifestantes acudieron a apoyar cuando el resultado fue inicialmente favorable a Yanukóvich. El Sr. Yanukóvich ganó la contienda, pero cuando las masivas protestas de la "Revolución Naranja", que parecían estallar espontáneamente en violentas manifestaciones callejeras, el Tribunal Supremo anuló las elecciones por acusaciones infundadas de fraude masivo, y ordenó unas nuevas elecciones, que el Sr. Yúschenko ganó como se esperaba.

Abandonado por muchos de sus aliados, descartado por la élite política, Yanukóvich hizo algo que nadie esperaba: empezó a jugar con las reglas de sus oponentes naranjas. Con la ayuda de asesores estadounidenses, adoptó las tácticas utilizadas por sus rivales "naranjas" en 2004. Con bandas de rock y un montón de accesorios azules y blancos para la campaña, viajó por todo el sureste del país para conseguir el apoyo de las bases. *"En 2004, hacía campaña como un rey coronado"*, dijo un alto diplomático occidental en Kiev durante su campaña. *"Ahora está haciendo campaña como un político hambriento"*.

Capítulo 5

Más allá de la conspiración

E l Dr. Howard Perlmutter, profesor de "Ingeniería Social" en la Escuela de Wharton y discípulo del Dr. Emery (quien) señaló que el "vídeo de rock en Katmandú" era una imagen adecuada de cómo los Estados con culturas tradicionales podían desestabilizarse, creando la posibilidad de una "civilización global".

Hay dos condiciones para esa transformación, añadió, "la construcción de redes de organizaciones internacionales y locales comprometidas internacionalmente" y "la creación de eventos globales" mediante "la transformación de un evento local en uno con implicaciones internacionales casi instantáneas a través de los medios de comunicación". Nada de esto es una teoría de la conspiración - es una prueba objetiva de una conspiración.

Estados Unidos considera como política oficial que la promoción de la democracia es una parte importante de su estrategia global de seguridad nacional. Las principales secciones del Departamento de Estado, la CIA, las agencias para-gubernamentales como la National Endowment for Democracy, y las ONGs financiadas por el gobierno como la Carnegie Endowment for International Peace, publican varios libros sobre la "promoción de la democracia".

Todas estas operaciones tienen una cosa en común: implican la injerencia, a veces violenta, de las potencias occidentales, en particular de Estados Unidos, en los procesos políticos de otros Estados, y esta injerencia se utiliza muy a menudo para promover el objetivo revolucionario último del cambio de régimen. La fase actual del Nuevo Orden Mundial ha sido calificada como "un periodo más allá de la conspiración", en el sentido de que los gestores del Nuevo Orden Mundial están tan envalentonados por sus últimos éxitos que no les importa que sus planes sean lo suficientemente transparentes. Una de las formas más notables de determinar una fase "más allá de la conspiración" es la nueva política de crear revoluciones (en realidad golpes de estado) en lugar de montar invasiones armadas en los países objetivo. Al parecer, el fracaso de la guerra de Vietnam y la invasión de Irak por el ejército estadounidense en 1991 y de nuevo en 2002 han convencido al Comité de los 300 de que es preferible un golpe de Estado a un conflicto militar sobre el terreno. Esto no descarta el bombardeo aéreo, pero también está claro que el bombardeo por sí solo no será suficiente para derrotar el orden existente de los países objetivo, a menos que sea de la escala del bombardeo masivo de Alemania en 1944-1945. Las sucesivas "revoluciones" que están estallando en todo el mundo deben verse en el contexto anterior.

La nueva política conocida como "más allá de la conspiración" se puso en marcha en serio en noviembre de 2003, cuando el presidente de Georgia, Edward Shevardnadze, fue derrocado tras las manifestaciones, marchas y acusaciones de que las elecciones parlamentarias habían sido amañadas, acusaciones que fueron ampliamente difundidas en los medios de comunicación occidentales, a pesar de que nunca se presentaron pruebas creíbles que apoyaran el fraude electoral.

Un año después, en noviembre de 2004, se organizó en Ucrania la llamada "Revolución Naranja" con las mismas acusaciones de fraude electoral generalizado que dividieron al país. Ucrania tiene una gran población prorrusa y el fraude electoral no habría sido necesario para mantener los lazos históricos de Ucrania con Rusia, pero los acontecimientos de 2004 -un virtual golpe de Estado- pusieron al país en vías de convertirse en miembro permanente de la OTAN y la UE.

Los patrocinadores no oficiales de la "Revolución Naranja" y los chacales de los medios de comunicación occidentales se encargaron de que la llamada "Revolución Popular" fuera un éxito. Las acusaciones de fraude electoral se produjeron incluso antes de que se celebrara la votación, y estas acusaciones se repitieron una y otra vez, dirigidas por el Comité de Votantes de Ucrania, que no fue financiado por los ucranianos, sino que recibió cada dólar de su financiación de Estados Unidos. ¿Jugó Soros un papel en esto?

Esto parece probable, aunque no esté probado. Como para anunciar su origen, las paredes de las oficinas de la comisión estaban cubiertas con fotografías de Madeleine Albright, instigadora y autora de la revolución que derrocó al gobierno legítimo de Serbia, mientras el Instituto Nacional Democrático avivaba el fuego con chorros de propaganda explosiva contra el candidato principal, el prorruso Vanukovi.

Capítulo 6

Dos hombres curiosos

L a supervivencia del mito de la revolución popular espontánea es deprimente, ya que incluso un examen superficial de los hechos encontrados en las declaraciones escritas y en diversas publicaciones muestra que es más que un mito, de hecho, una mentira descarada. Hace algunos años recibí una copia de un relato de la vida de Curzio Malaparte, cuyo verdadero nombre era Kurt Sucker, escritor, periodista y diplomático italiano, nacido en Italia en 1898 y fallecido en 1957. Estudié el relato, ya que parecía que Mao Tse Tung había cooptado la idea de Malaparte de una "revolución popular".

Malaparte era un hombre extraordinario con un notable conocimiento de Europa y su política, adquirido gracias a su experiencia de primera mano como diplomático y corresponsal del prestigioso periódico de Roma *Corriere della Serra*. Había cubierto el Frente Oriental desde Ucrania y sus reportajes se publicaron posteriormente como *Volga Nasce in Europa* (*El Volga se levanta en Europa*).

Estuvo adscrito a las fuerzas de invasión del general estadounidense Mark Clark en Italia como oficial de enlace y escribió varios artículos excelentes sobre sus experiencias con el ejército estadounidense. Después de la guerra, Malaparte se unió al Partido Comunista Italiano y se fue a China tras la creación de la "República Popular China". Después de leer la interesantísima historia de la vida de Malaparte, parece que Mao puede haber "tomado prestado" de Malaparte. Ciertamente, las organizaciones estadounidenses que están detrás de la "Revolución Naranja" se inspiraron en gran medida en las ideas de Malaparte, con el apoyo de dinero ilimitado de Washington (de nuevo, se sospecha que George Soros es la fuente, pero no se ha demostrado que lo sea) y la cooperación más que dispuesta de los medios de comunicación occidentales y la CIA. Pero fue probablemente la *Técnica del Golpe de* Curzio Malaparte la primera que dio una expresión muy famosa a estas ideas. Publicado en 1931, este libro presenta el cambio de régimen como una técnica sencilla.

Malaparte discrepa explícitamente de quienes piensan que el cambio de régimen se produce por sí solo. De hecho, comienza su libro relatando una discusión entre diplomáticos en Varsovia en el verano de 1920: Polonia había sido invadida por el Ejército Rojo de Trotsky (la propia Polonia había invadido la Unión Soviética, tomando Kiev en abril de 1920) y los bolcheviques estaban a las puertas de Varsovia.

El debate tuvo lugar entre el ministro británico en Varsovia, Sir Horace Rumbold, y el nuncio apostólico, Monseñor Ambrogio Damiano Achille Ratti - el hombre que sería elegido Papa como Pío XI dos años después. El inglés declaró que la situación política interna de Polonia era tan caótica que una revolución era inevitable y que, por tanto, el cuerpo diplomático debía huir de la capital e ir a Posen (Poznan).

Nacido en Prato, Toscana, de madre lombarda y padre alemán, estudió en el Colegio Cicognini y en la Universidad La Sapienza de Roma. En 1918 comenzó su carrera como periodista.

Malaparte participó en la Primera Guerra Mundial, donde fue nombrado capitán del quinto regimiento alpino y recibió varias condecoraciones por sus hazañas de armas. En 1922 participó en la marcha de Benito Mussolini sobre Roma. En 1924 fundó la revista romana *La Conquista dello stato* ("La *Conquista del Estado*", título que inspiró *La Conquista del Estado* de Ramiro Ledesma Ramos). Como miembro del Partito Nazionale Fascista, fundó varias publicaciones periódicas y colaboró con ensayos y artículos en otras, además de escribir numerosos libros, desde principios de los años veinte y dirigir dos periódicos metropolitanos.

En 1926 fundó el trimestral literario 900 con Massimo Bontempelli (1878-1960). Más tarde fue coeditor de *Fiera Letteraria* (1928-31) y director de *La Stampa* de Turín. Su novela bélica confesional, *La rivolta dei santi* (1921), critica a la Roma corrupta como el verdadero enemigo. En *Técnica del colpo di Stato* (1931), Malaparte ataca tanto a Adolf Hitler como a Mussolini. Como resultado, fue despojado de su afiliación al Partido Nacional Fascista y enviado al exilio interno desde 1933 hasta 1938 en la isla de Lipari.

Fue liberado gracias a la intervención personal del yerno y heredero de Mussolini, Galeazzo Ciano. El régimen de Mussolini volvió a detener a Malaparte en 1938, 1939, 1941 y 1943 y lo encarceló en la infame prisión de Regina Coeli de Roma. Poco después de su estancia en prisión, publicó colecciones de relatos autobiográficos realistas y mágicos, que culminaron en la prosa estilizada *de Donna Come Me* (*Mujer como yo*) (1940).

Su notable conocimiento de Europa y sus dirigentes se basa en su experiencia como corresponsal y en el servicio diplomático italiano. En 1941 fue enviado al Frente Oriental como corresponsal *del Corriere della Sera*. Los artículos que envió desde los frentes ucranianos, muchos de los cuales fueron suprimidos, se recopilaron en 1943 y se publicaron con el título *Il Volga nasce in Europa* ("El Volga sube en Europa"). Esta experiencia también sirvió de base para sus dos libros más famosos, *Kaputt* (1944) y *La piel* (1949).

Kaputt, su relato novelesco de la guerra, presenta el conflicto desde el punto de vista de los condenados a perderlo. La narración de Malaparte está marcada por observaciones líricas, como cuando se encuentra con un destacamento de soldados de la Wehrmacht que huyen de un campo de batalla ucraniano:

> "Cuando los alemanes tienen miedo, cuando ese misterioso miedo alemán empieza a calar en sus huesos, siempre despiertan un horror y una piedad especiales. Su aspecto es miserable, su crueldad triste, y su valor silencioso y desesperado. "

Malaparte continúa el gran fresco de la sociedad europea que inició en *Kaputt*. Allí era Europa del Este, aquí es Italia entre 1943 y 1945; en lugar de los alemanes, los invasores son las fuerzas armadas estadounidenses.

En toda la literatura que ha surgido de la Segunda Guerra Mundial, ningún otro libro presenta de forma tan brillante o tan hiriente la triunfante inocencia americana sobre el fondo de la experiencia europea de destrucción y colapso moral. El libro fue condenado por la Iglesia Católica Romana e incluido en el Index Librorum Prohibitorum.

De noviembre de 1943 a marzo de 1946, estuvo adscrito al Alto Mando estadounidense en Italia como oficial de enlace italiano. Los artículos de Curzio Malaparte se han publicado en muchas de las principales revistas literarias de Francia, Reino Unido, Italia y Estados Unidos.

Después de la guerra, las simpatías políticas de Malaparte se volvieron hacia la izquierda y se afilió al Partido Comunista Italiano. En 1947, Malaparte se trasladó a París y escribió dramas sin mucho éxito. Su obra *Du Côté de chez Proust estaba* basada en la vida de Marcel Proust, y *Das Kapital* era un retrato de Karl Marx. *Cristo Proibito* ("El Cristo prohibido") fue la película de Malaparte que tuvo un éxito moderado: la escribió y dirigió en 1950.

Ganó el premio especial "Ciudad de Berlín" en el Festival de Cine de Berlín de 1951. En la historia, un veterano de guerra regresa a su pueblo para vengar la muerte de su hermano, fusilado por los alemanes. La película se estrenó en Estados Unidos en 1953 con el título *Strange Deception* y fue votada como una de las cinco mejores películas extranjeras por el National Board of Review. También produjo el programa de variedades *Sexophone* y planeó un ciclo por todo Estados Unidos.

Justo antes de su muerte, Malaparte terminó de escribir otra película, *Il Compagno P*. Tras la creación de la República Popular China en 1949, Malaparte se interesó por la versión maoísta del comunismo, pero su viaje a China se vio interrumpido por una enfermedad, y fue devuelto a Roma.

Io in Russia e in Cina, su diario de acontecimientos, se publicó póstumamente en 1958. El último libro de Malaparte, *Maledetti toscani*, su ataque a la cultura burguesa, apareció en 1956. Murió de cáncer.

Esta anécdota permite a Malaparte discutir las diferencias entre Lenin y Trotsky, dos practicantes del golpe de Estado/revolución. Malaparte demuestra que el futuro Papa tenía razón y que era un error decir que eran necesarias condiciones previas para que se produjera una revolución. Para Malaparte, al igual que para Trotsky, el cambio de régimen podía promoverse en cualquier país, incluidas las democracias estables de Europa Occidental, siempre que hubiera un cuerpo de hombres suficientemente decidido a lograrlo. No cabe duda de que las técnicas de Malaparte se siguieron al pie de la letra en Yugoslavia, Ucrania y Georgia.

Esta descripción de Malaparte y sus ideas es relevante para lo que Estados Unidos ha hecho en Panamá, Honduras, Nicaragua, Yugoslavia; la relación de Estados Unidos con Mao Tse Tung, la invasión de Irak y la actual guerra de palabras con Irán. Sus pensamientos e ideas están siendo utilizados por la nueva izquierda (neoconservadores) para llevar a cabo una revolución en los Estados Unidos, que está mucho más cerca de lo que la mayoría piensa.

Esto nos lleva a un segundo cuerpo de literatura, relativo a la manipulación de los medios de comunicación. El propio Malaparte no aborda este aspecto, pero es (a) de considerable importancia y (b) claramente un subconjunto de la técnica del golpe de Estado en la forma en que se practica hoy el cambio de régimen. De hecho, el control de los medios de comunicación durante un cambio de régimen es tan importante que una de las principales características de estas revoluciones es la creación de una realidad virtual. El control de esta realidad es en sí mismo un instrumento de poder, por lo que, en los clásicos golpes de Estado en una república bananera, lo primero que toman los revolucionarios es la emisora de radio nacional.

Existe una fuerte reticencia psicológica a aceptar que los

acontecimientos políticos actuales estén deliberadamente manipulados. Esta reticencia es en sí misma un producto de la ideología de la era de la información, que halaga la vanidad de las personas y las anima a creer que tienen acceso a grandes cantidades de información. En realidad, la aparente multiplicidad de información de los medios de comunicación modernos esconde una extrema escasez de fuentes originales, del mismo modo que una calle de restaurantes en un paseo marítimo italiano puede ocultar la realidad de una única cocina en la parte de atrás.

La información sobre los grandes acontecimientos suele proceder de una sola fuente, normalmente una agencia de noticias, e incluso organizaciones de noticias con autoridad, como la BBC, se limitan a reciclar la información que han recibido de estas agencias, presentándola como propia. Los corresponsales de la BBC a menudo se sientan en sus habitaciones de hotel cuando envían informes, y muy a menudo se limitan a leer en el estudio de Londres lo que les han dicho sus colegas en casa.

Un segundo factor que contribuye a la reticencia a creer en la manipulación de los medios de comunicación es la sensación de omnisciencia que la era de los medios de comunicación de masas gusta de halagar: decir que los informes están manipulados es decirle a la gente que es crédula, y este no es un mensaje agradable de recibir.

La manipulación de los medios de comunicación tiene muchos elementos. Una de las más importantes es la iconografía política. Se trata de una herramienta muy importante para promover la legitimidad de los regímenes que han tomado el poder mediante una revolución. Basta pensar en acontecimientos emblemáticos como el asalto a la Bastilla el 14 de julio de 1789, el asalto al Palacio de Invierno durante la revolución de octubre de 1917, o la marcha de Mussolini sobre Roma en 1922, para ver que los acontecimientos pueden ser elevados a fuentes de legitimidad casi eternas. Sin embargo, la importancia de la imaginería política va mucho más allá de la invención de un simple emblema para cada revolución. Implica un control mucho más profundo de los medios de comunicación, y este control suele tener que ejercerse durante un largo periodo de tiempo, no sólo en el momento del cambio de régimen. Es esencial que la línea oficial del partido se repita *hasta la saciedad*. Un rasgo de la actual cultura de los medios de comunicación de masas que muchos disidentes denuncian perezosa y erróneamente como "totalitaria" es precisamente que las opiniones discrepantes pueden ser expresadas y publicadas, pero esto es así precisamente porque, al ser meras gotas en el océano, nunca suponen una amenaza para la marea propagandística.

Uno de los maestros modernos de este control mediático fue el comunista alemán del que Joseph Goebbels aprendió su oficio: Willi Munzenberg. Munzenberg no sólo fue el inventor de la propaganda, sino que también fue la primera persona que perfeccionó el arte de crear una red de periodistas formadores de opinión que propagaban opiniones que se ajustaban a las necesidades del Partido Comunista en Alemania y la Unión Soviética. También hizo una gran fortuna en el proceso, ya que amasó un considerable imperio mediático, del que obtuvo beneficios. Munzenberg estuvo íntimamente involucrado en el proyecto comunista desde el principio. Formó parte del círculo de Lenin en Zúrich y, en 1917, acompañó al futuro líder de la revolución bolchevique a la Hauptbahnhof de Zúrich, desde donde Lenin fue transportado en un tren sellado y, con la ayuda de las autoridades imperiales alemanas, desde la estación de Finlandia hasta San Petersburgo. Lenin pidió entonces a Munzenberg que contrarrestara la espantosa publicidad de 1921, cuando 25 millones de campesinos de la región del Volga empezaron a sufrir la hambruna del nuevo Estado soviético.

A Munzenberg, que para entonces había regresado a Berlín, donde más tarde fue elegido diputado comunista en el Reichstag, se le encargó la creación de una falsa organización benéfica de trabajadores, el Comité Extranjero para la Organización de Ayuda Obrera a los Hambrientos de la Rusia Soviética, cuyo objetivo era engañar al mundo haciéndole creer que la ayuda humanitaria procedía de fuentes distintas a la Administración de Ayuda Americana de Herbert Hoover. Lenin temía no sólo que Hoover utilizara su proyecto de ayuda humanitaria para enviar espías a la URSS (como así fue), sino también, y quizás más importante, que el primer estado comunista del mundo sufriera un daño fatal por la publicidad negativa de que la América capitalista acudiera en su ayuda sólo unos años después de la revolución.

Después de haber hecho sus pinitos en la "venta" de la muerte de millones de personas a manos de los bolcheviques, Munzenberg se dedicó a actividades de propaganda más generales. Construyó un vasto imperio mediático, conocido como Munzenberg Trust, que poseía dos diarios de gran tirada en Alemania, un semanario de gran tirada y participaciones en docenas de otras publicaciones en todo el mundo. Sus mayores éxitos fueron la movilización de la opinión mundial contra Estados Unidos por el juicio de Sacco-Vanzetti (dos inmigrantes anarquistas italianos condenados a muerte por asesinato en Massachusetts en 1921) y la contestación a la afirmación nazi en 1933 de que el incendio del Reichstag era el resultado de una conspiración comunista.

Los nazis, como se recordará, utilizaron el incendio para justificar las detenciones y ejecuciones masivas de comunistas, aunque ahora parece que el fuego fue realmente provocado por el hombre detenido en el edificio en ese momento, el incendiario solitario Martinus van der Lubbe. De hecho, Munzenberg consiguió convencer a gran parte de la opinión pública de una falsedad igual pero opuesta a la que pregonaban los nazis, a saber, que éstos habían provocado el incendio ellos mismos para tener un pretexto para eliminar a sus principales enemigos.

La principal relevancia de Munzenberg para nuestro tiempo es que comprendió la importancia crucial de influir en los creadores de opinión. Se dirigió especialmente a los intelectuales, creyendo que eran especialmente fáciles de influenciar debido a su vanidad. Entre sus contactos se encontraban muchas de las grandes figuras literarias de los años 30, a muchas de las cuales animó a apoyar a los republicanos en la Guerra Civil española y a convertirla en una *causa clave* del antifascismo comunista.

La táctica de Munzenberg es de suma importancia para la manipulación de la opinión en el Nuevo Orden Mundial actual.

Más que nunca, los llamados "expertos" aparecen constantemente en las pantallas de nuestros televisores para explicar lo que está pasando, y siempre son vehículos para la línea oficial del partido. Se les controla de varias maneras, normalmente por dinero, adulación o reconocimiento académico.

Hay un segundo cuerpo de literatura, que hace un punto ligeramente diferente de la técnica específica que Munzenberg ha perfeccionado. Se refiere al modo en que se puede inducir a las personas a reaccionar de determinadas maneras colectivas mediante estímulos psicológicos.

Sobre esta base funciona el Instituto Tavistock de Relaciones Humanas.[4] Quizás el primer teórico importante de esta teoría fue el sobrino de Sigmund Freud, Edward Bernays, que trabajaba en Tavistock y cuyo libro Propaganda, publicado en 1928, sostenía que era natural y correcto que los gobiernos organizaran la opinión pública con fines políticos. El primer capítulo de su libro se titula de forma reveladora *"Organizar el caos"*.

Bernays escribe:

> "La manipulación consciente e inteligente de las opiniones y los hábitos organizados de las masas es un elemento importante de la sociedad democrática. Los que manipulan este mecanismo invisible de la sociedad constituyen un gobierno invisible, que es el verdadero poder gobernante de nuestro país. "

Bernays dice que muy a menudo los miembros de este gobierno invisible ni siquiera saben quiénes son los otros miembros. La propaganda, dice, es la única forma de evitar que la opinión pública caiga en un caos disonante. Esto es también lo que cree Malaparte. Bernays continuó trabajando en este tema después de la guerra, publicando *Engineering Consent* en 1955, un título al

---

[4] Véase *The Tavistock Institute of Human Relations - Shaping the Moral, Spiritual, Cultural, Political and Economic Decline of the United States of America*, por John Coleman, Omnia Veritas Limited, www.omnia-veritas.com.

que Edward Herman y Noam Chomsky aludieron cuando publicaron su libro seminal *Manufacturing Consent* en 1988.

El vínculo con Freud es importante porque, como veremos más adelante, la psicología es una herramienta muy importante para influir en la opinión pública. Dos de los colaboradores de *Engineering Consent* sostienen que cualquier líder debe jugar con las emociones humanas básicas para manipular la opinión pública.

Por ejemplo, Doris E. Fleischmann y Howard Walden Cutler escriben:

> "La autopreservación, la ambición, el orgullo, el hambre, el amor a la familia y a los hijos, el patriotismo, la imitación, el deseo de ser líder, el amor al juego... estas y otras motivaciones son la materia prima psicológica que todo líder debe tener en cuenta en sus esfuerzos por ganar al público para su punto de vista... Para mantener su autoconfianza, la mayoría de las personas necesitan estar seguras de que todo lo que creen sobre algo es cierto."

Esto es lo que entendió Willi Munzenberg: la necesidad humana básica de creer lo que uno quiere creer. Thomas Mann aludió a esto cuando atribuyó el ascenso de Hitler al deseo colectivo del pueblo alemán de tener "un cuento de hadas" en lugar de las feas verdades de la realidad de la derrota en la Primera Guerra Mundial, aunque no fuera derrotado sobre el terreno. Otras obras dignas de mención a este respecto no se refieren tanto a la propaganda electrónica moderna como a la psicología de las multitudes en general. Los clásicos a este respecto son *La psicología de las multitudes* de Gustave Le Bon (1895), *Las multitudes y el poder (Masse und Macht)* de Elias Canetti (1980) y *La violación de las multitudes por la propaganda política de* Serge Chakhotin (1939).

Todos estos libros se basan en gran medida en la psicología y la antropología. También está la magnífica obra de uno de mis autores favoritos, el antropólogo René Girard, cuyos escritos sobre la lógica de la imitación (mimesis) y sobre los actos de violencia colectiva son excelentes herramientas para entender por qué la opinión pública se siente tan fácilmente motivada a apoyar la guerra y otras formas de violencia política. Después de la guerra, muchas de las técnicas perfeccionadas por el comunista Munzenberg fueron adoptadas por los estadounidenses, como se documenta bellamente en el excelente libro de Frances Stonor Saunders, *Who Paid the Piper*, publicado en Estados Unidos como *The Cultural Cold War*.

Con gran detalle, Stonor Saunders explica cómo, al principio de la Guerra Fría, los estadounidenses y los británicos lanzaron una vasta operación secreta para financiar a los intelectuales anticomunistas. El punto clave es que gran parte de su atención y actividad se dirigió a los izquierdistas, a menudo trotskistas que sólo habían abandonado su apoyo a la Unión Soviética en 1939 cuando Stalin firmó su pacto de no agresión con Hitler, y a menudo a personas que habían trabajado previamente para Munzenberg. Muchas de las personalidades que se encontraban en este punto entre el comunismo y la CIA al comienzo de la Guerra Fría eran futuras luminarias neoconservadoras (bolcheviques), como Irving Kristol, James Burnham, Sidney Hook y Lionel Trilling.

Los orígenes izquierdistas e incluso trotskistas del neoconservadurismo son bien conocidos -aunque me siguen sorprendiendo los nuevos detalles que descubro, como el hecho de que Lionel y Diana Trilling fueron casados por un rabino para el que Félix Dzerzhinsky (el fundador de la policía secreta bolchevique, la Cheka [precursora del KGB], y el equivalente comunista de Heinrich Himmler) representaba un dechado de heroísmo.

Estos orígenes izquierdistas son especialmente relevantes para las operaciones encubiertas a las que se refiere Stonor Saunders, ya que el objetivo de la CIA era precisamente influir en los opositores de izquierdas al comunismo, es decir, en los trotskistas. La opinión de la CIA era simplemente que los anticomunistas de derecha no necesitaban ser influenciados, y mucho menos pagados. Stonor Saunders cita a Michael Warner cuando escribe

"Para la CIA, la estrategia de promoción de la izquierda no comunista iba a convertirse en "el fundamento teórico de las operaciones políticas de la Agencia contra el comunismo durante las dos décadas siguientes".

Esta estrategia fue esbozada en el libro de Arthur Schlesinger, *El centro vital* (1949), que fue una de las piedras angulares de lo que se convertiría en el movimiento neobolchevique:

"El propósito de apoyar a los grupos de izquierda no era destruir, ni siquiera dominar, sino mantener una discreta cercanía a estos grupos y vigilar su pensamiento; proporcionarles un portavoz para desahogar su ira; e, in extremis, ejercer un veto final sobre sus acciones, si se volvían demasiado "radicales"."

Las formas en que esta influencia de la izquierda se hace sentir son muchas y variadas. Estados Unidos estaba decidido a crear una imagen progresista frente a la "reaccionaria" Unión Soviética. En otras palabras, querían hacer precisamente lo mismo que los soviéticos. En la música, por ejemplo, Nicholas Nabokov (el primo del autor de *Lolita*) fue uno de los principales agentes del Congreso. En 1954, la CIA financió un festival de música en Roma en el que el amor "autoritario" de Stalin por compositores como Rimsky-Korsakov y Tchaikovsky se "contrarrestó" con música moderna poco ortodoxa inspirada en la música de doce tonos de Schoenberg, que posteriormente se utilizó para promocionar a los Beatles.

"Para Nabokov, había un claro mensaje político que transmitir al promover una música que se anunciaba como supresora de las jerarquías naturales..."

El apoyo a otros progresistas llegó cuando Jackson Pollock, también ex comunista, fue promovido por la CIA. Sus manchas debían representar la ideología americana de la "libertad" frente al autoritarismo de la pintura realista socialista.

(Esta alianza con los comunistas es anterior a la Guerra Fría. El muralista comunista mexicano Diego Rivera fue apoyado por Abby Aldrich Rockefeller, pero su colaboración terminó abruptamente cuando Rivera se negó a retirar un retrato de Lenin de una escena de multitud pintada en las paredes del Rockefeller Center en 1933).

Esta intersección de cultura y política fue promovida explícitamente por un organismo de la CIA con un nombre orwelliano, el Psychological Strategy Board. En 1956, promovió en secreto una gira europea de la Metropolitan Opera, cuyo objetivo político era fomentar el multiculturalismo. Junkie Fleischmann, el organizador, dijo:

> "En Estados Unidos somos un crisol de culturas y con ello hemos demostrado que la gente puede llevarse bien sin importar la raza, el color o el credo. Utilizando como tema el "crisol de razas" o alguna otra frase parecida, podríamos utilizar la Met como ejemplo de que los europeos pueden llevarse bien en Estados Unidos y que, por tanto, es bastante factible algún tipo de Federación Europea. "

Este es exactamente el mismo argumento que utiliza, entre otros, Ben Wattenberg, cuyo libro *The First Universal Nation (La primera nación universal)* sostiene que Estados Unidos tiene un derecho especial a la hegemonía mundial porque encarna a todas las naciones y razas del mundo. La misma opinión ha sido expresada por Newt Gingrich y otros neoconservadores. Entre los otros temas promovidos, algunos están a la vanguardia del pensamiento neo-bolchevique actual. El primero de ellos es la creencia eminentemente liberal en el universalismo moral y político. Hoy en día, esta creencia está en el centro de la filosofía de la política exterior de George W. Bush; ha afirmado en repetidas ocasiones que los valores políticos son los mismos en todo el mundo y ha utilizado este supuesto para justificar la intervención militar estadounidense en apoyo de la "democracia".

A principios de la década de 1950, el director del PSB (el Psychological Strategy Board se denomina rápidamente por sus iniciales, presumiblemente para ocultar su verdadero nombre), Raymond Allen, ya había llegado a esta conclusión:

> "Los principios e ideales plasmados en la Declaración de Independencia y en la Constitución son for export y son

patrimonio de los hombres de todo el mundo. Debemos apelar a las necesidades básicas de todos los hombres, que creo que son las mismas para el agricultor de Kansas que para el del Punjab. "

Por supuesto, sería un error atribuir la difusión de las ideas únicamente a la manipulación secreta. Encuentran su fuerza en las corrientes culturales a gran escala, cuyas causas son múltiples. Pero no cabe duda de que el dominio de estas ideas puede facilitarse considerablemente mediante operaciones encubiertas, sobre todo porque los habitantes de las sociedades de información de masas son curiosamente sugestionables.

No sólo creen en lo que leen en los periódicos, sino que piensan que ellos mismos han llegado a esas conclusiones. Así que el truco para manipular la opinión pública reside precisamente en lo que Bernays teorizó, Munzenberg inició y la CIA elevó a una forma de arte. Según el agente de la CIA Donald Jameson:

> "En cuanto a las actitudes que la Agencia quería inspirar a través de estas actividades, está claro que lo que habría querido producir eran personas que, por su propio razonamiento y convicción, estuvieran persuadidas de que todo lo que hiciera el gobierno estadounidense era correcto. "

En otras palabras, lo que la CIA y otras agencias estadounidenses estaban haciendo en ese momento era adoptar la estrategia que asociamos con el marxista italiano Antonio Gramsci, quien sostenía que la "hegemonía cultural" era esencial para la revolución socialista.

Por último, existe una enorme literatura sobre la técnica de la desinformación. Ya he mencionado el importante hecho, formulado originalmente por Chakotin, de que el papel de los periodistas y los medios de comunicación es esencial para garantizar la coherencia de la propaganda: *"La propaganda no puede tomarse vacaciones"*, escribe, *"formulando así una de las reglas clave de la desinformación moderna, a saber, que el mensaje requerido debe repetirse con mucha frecuencia si se quiere que llegue"*. *Por encima de* todo, Chakotin sostiene que las campañas de propaganda deben estar dirigidas de forma centralizada y altamente organizada, lo que se ha convertido en la norma en la era de los giros políticos modernos; a los diputados laboristas británicos, por ejemplo, no se les permite hablar con los medios de comunicación sin pedir primero permiso al director de comunicaciones del 10 de Downing Street.

Sefton Delmer fue tanto un practicante como un teórico de esta "propaganda negra". Delmer creó una emisora de radio falsa que transmitía desde Gran Bretaña a Alemania durante la Segunda Guerra Mundial y creó el mito de que había alemanes "buenos" y patrióticos que se oponían a Hitler. La ficción se mantuvo por el hecho de que la estación era en realidad una estación alemana subterránea, y que se colocó en frecuencias cercanas a las de las estaciones oficiales. Esta propaganda negra se ha convertido en parte del arsenal del gobierno de EE.UU.; el *New York Times* reveló que el gobierno de EE.UU. produce informes a favor de la política, que luego se emiten en los canales normales y se presentan como si fueran los propios informes de la empresa emisora.

Hay muchos otros autores de este tipo, algunos de los cuales han sido mencionados. Curzio Malaparte es el más ignorado en Occidente, en gran medida porque poca gente lo conoce. Pero quizá la obra más relevante para el debate de hoy sea *Subversión*, de Roger Mucchielli, publicada en francés en 1971, que muestra cómo la desinformación ha pasado de ser una táctica auxiliar de la guerra a ser la táctica principal. La estrategia ha evolucionado tanto, dice, que el objetivo es ahora conquistar un Estado sin siquiera atacarlo físicamente, en particular utilizando agentes de influencia dentro de él.

Esto es esencialmente lo que Robert Kaplan propuso y discutió en su ensayo para *The Atlantic Monthly* en julio/agosto de 2003: "Supremacy by Stealth".[5] Uno de los más siniestros teóricos del Nuevo Orden Mundial y del imperio estadounidense, Robert Kaplan, aboga explícitamente por el uso de un poder inmoral e

---

[5] "La supremacía a través del sigilo".

ilegal para promover el control de Estados Unidos sobre el mundo entero. Su ensayo analiza el uso de operaciones encubiertas, el poder militar, los trucos sucios, la propaganda negra, la influencia y el control encubiertos, la formación de opinión y otras cosas como el asesinato político, todo ello sujeto a su llamamiento general a "una ética pagana", como medio de asegurar la dominación estadounidense.

El otro punto clave de Mucchielli es que fue uno de los primeros teóricos del uso de organizaciones no gubernamentales falsas -o "organizaciones de fachada", como se las llamaba- para efectuar cambios políticos internos en otro Estado. Al igual que Malaparte y Trotsky, Mucchielli también comprendió que no son las circunstancias "objetivas" las que determinan el éxito o el fracaso de una revolución, sino la percepción creada de esas circunstancias por la desinformación. También comprendió que las revoluciones históricas, que invariablemente se presentaban como producto de movimientos de masas, eran en realidad obra de un número ínfimo de conspiradores muy organizados.

De hecho, siguiendo de nuevo a Trotsky, Mucchielli subrayó que la mayoría silenciosa debe ser rigurosamente excluida de la mecánica del cambio político, precisamente porque los golpes son obra de unos pocos, no de la mayoría.

La opinión pública es el "foro" en el que se ejerce la subversión, y Mucchielli ha mostrado las diversas formas en que los medios de comunicación pueden ser utilizados para crear una psicosis colectiva. Los factores psicológicos son extremadamente importantes en este sentido, dice, especialmente en la búsqueda de estrategias importantes como la desmoralización de una sociedad. Hay que hacer que el enemigo pierda la confianza en la fuerza de su propia causa, mientras que hay que hacer todo lo posible para convencerle de que su adversario es invencible.

Capítulo 7

El papel del ejército

U n último punto histórico antes de pasar a la segunda parte, un debate sobre el presente, es el papel de los militares en la realización de operaciones encubiertas y la influencia en el cambio político. Es un papel que algunos analistas contemporáneos se complacen en admitir que se está desplegando hoy en día: Robert Kaplan escribe con aprobación sobre cómo el ejército estadounidense es, y debe ser, utilizado para "promover la democracia". Kaplan argumenta que una llamada telefónica de un general estadounidense es a menudo una mejor manera de promover el cambio político en un tercer país que una llamada telefónica del embajador local de Estados Unidos. Y cita con aprobación las palabras de un oficial de operaciones especiales del ejército:

"Sea quien sea el Presidente de Kenia, el mismo grupo de tipos dirige sus fuerzas especiales y los guardaespaldas del Presidente. Los hemos entrenado. Esto se traduce en una ventaja diplomática. "

El contexto histórico de esta situación fue analizado recientemente por el académico suizo Daniele Glaser en su libro *NATO's Secret Armies.*

Su relato comienza con la admisión por parte de Giulio Andreotti, entonces Primer Ministro italiano, el 3 de agosto de 1990, de que en su país existía un ejército secreto desde el final de la Segunda Guerra Mundial, conocido como "Gladio", que había sido creado por la CIA y el MI6 y que estaba coordinado por la sección de "guerra no ortodoxa" de la OTAN.

También en este caso, los escritos de Curzio Malaparte son

ignorados en Occidente. Glaser confirma así uno de los rumores más antiguos de la Italia de posguerra. Muchas personas, incluidos los jueces de instrucción, sospechaban desde hace tiempo que Gladio no sólo era el partido de una red de ejércitos secretos creados por los estadounidenses en toda Europa occidental para luchar en la resistencia contra una supuesta ocupación soviética, sino que estas redes habían empezado a influir en el resultado de las elecciones, formando incluso siniestras alianzas con organizaciones terroristas. Italia era un objetivo particular, ya que el Partido Comunista era muy fuerte allí.

Originalmente, este ejército secreto se creó para protegerse de la posibilidad de una invasión. Pero parece haber cambiado rápidamente a operaciones encubiertas para influir en el propio proceso político, en ausencia de una invasión. Hay muchas pruebas de que los estadounidenses sí interfirieron a gran escala, especialmente en las elecciones italianas, para impedir que el PCI tomara el poder. Decenas de miles de millones de dólares fueron pagados a la Democracia Cristiana italiana por Estados Unidos por esta misma razón.

Glaser incluso afirma que hay pruebas de que las células del Gladio llevaron a cabo atentados terroristas para culpar a los comunistas y asustar a la población para que exigiera más poderes estatales para "protegerla" del terrorismo. Glaser cita al hombre condenado por colocar una de estas bombas, Vincenzo Vinciguerra, que explicó debidamente la naturaleza de la red de la que era un soldado de a pie.

Dijo que esto formaba parte de una estrategia para *"desestabilizar para estabilizar"*.

> *"Era necesario atacar a los civiles, a la gente, a las mujeres, a los niños, a los inocentes, a los desconocidos, lejos de cualquier juego político. La razón era muy sencilla. Fue para obligar a estas personas, el público italiano, a dirigirse al Estado para pedir más seguridad. Esta es la lógica política de todas las masacres y atentados que quedan impunes, porque el Estado no puede condenarse ni declararse*

responsable de lo ocurrido. "

La conexión con las teorías conspirativas en torno al 11-S es evidente. Glaser presenta una gran cantidad de pruebas sólidas de que esto es lo que hizo Gladio, y sus argumentos destacan la intrigante posibilidad de una alianza con grupos de extrema izquierda como las Brigadas Rojas. Al fin y al cabo, cuando Aldo Moro fue secuestrado y asesinado poco después, se dirigía físicamente al parlamento italiano para presentar un programa de gobierno de coalición entre los socialistas y los comunistas, precisamente lo que los estadounidenses estaban decididos a impedir.

La nueva fase del Nuevo Orden Mundial ha sido calificada como "un periodo más allá de la conspiración", ya que los gestores del Nuevo Orden Mundial están tan envalentonados por sus últimos éxitos, que no les importa que sus planes se hayan vuelto bastante transparentes. Una de las formas más notables de determinar la fase "más allá de la conspiración" es buscar los documentos que cubren una nueva política de los gestores del Nuevo Orden Mundial; la creación de revoluciones (en realidad golpes de estado) en lugar de montar invasiones armadas de los países objetivo. De nuevo, los escritos de Curzio Malaparte parecen estar en la raíz de todo.

Al parecer, el fracaso de la guerra de Vietnam y la invasión de Irak por el ejército estadounidense en 1991 y de nuevo en 2002 han convencido al Comité de los 300 de que es preferible un golpe de Estado a un conflicto militar sobre el terreno. Esto no descarta los bombardeos aéreos, pero también se ha establecido que los bombardeos por sí solos no serán suficientes para superar el orden existente en los países objetivo, a menos que sean de la escala de los bombardeos masivos de Alemania en 1944-1945.

Las sucesivas "revoluciones" que se están produciendo en todo el mundo deben verse desde esta perspectiva. La nueva política de "más allá de la conspiración" se puso en marcha en serio en noviembre de 2003, cuando el presidente de Georgia, Edward Shevardnadze, fue derrocado tras las manifestaciones, marchas y acusaciones de que las elecciones parlamentarias habían sido amañadas, acusaciones que fueron ampliamente difundidas en los medios de comunicación occidentales, aunque nunca se presentaron pruebas creíbles que corroboraran el fraude electoral.

Un año después, en noviembre de 2004, se organizó en Ucrania la llamada "Revolución Naranja" con las mismas acusaciones de fraude electoral generalizado que dividieron al país. Ucrania tiene una gran población prorrusa y el fraude electoral no habría sido necesario para mantener los lazos históricos de Ucrania con Rusia, pero los acontecimientos de 2004 -un virtual golpe de Estado- pusieron al país en vías de convertirse en miembro permanente de la OTAN y la UE.

La supervivencia del mito de la revolución popular espontánea es deprimente, ya que incluso un examen superficial de los hechos encontrados en las declaraciones escritas y en diversas publicaciones muestra que es más que un mito, me atrevería a decir, una mentira descarada. Ciertamente, las organizaciones con sede en Estados Unidos que están detrás de la llamada "Revolución Naranja", inspiradas en gran medida en las ideas de Malaparte, con el apoyo de dinero ilimitado de Washington y la cooperación más que dispuesta de los medios de comunicación occidentales y la CIA, se equivocaron al decir que eran necesarias condiciones previas para que se produjera una revolución. Para Malaparte, al igual que para Trotsky, se podía promover un cambio de régimen en cualquier país, incluidas las democracias estables de Europa Occidental, siempre que hubiera un grupo de hombres lo suficientemente decididos a lograrlo.

Para la CIA, la estrategia de promoción de la izquierda no comunista iba a convertirse en "el fundamento teórico de las operaciones políticas de la Agencia contra el comunismo durante las dos décadas siguientes".

Esta estrategia fue esbozada en *The Vital Center* (1949) de Arthur Schlesinger, un libro que representa una de las piedras angulares de lo que sería el movimiento neoconservador. Stonor Saunders escribe:

> "El propósito de apoyar a los grupos de izquierda no era destruir, ni siquiera dominar, sino mantener una discreta

cercanía a estos grupos y vigilar su pensamiento; proporcionarles un portavoz para desahogar su ira; e, in extremis, ejercer un veto final sobre sus acciones, si se volvían demasiado "radicales"."

La influencia de la izquierda se hace sentir de diversas maneras. Estados Unidos estaba decidido a forjar una imagen progresista, frente a la "reaccionaria" Unión Soviética. Pero quizás lo más relevante para el debate de hoy sea el libro de Roger Mucchielli, *Subversión*, publicado en francés en 1971, que muestra cómo la desinformación pasó de ser una táctica auxiliar de la guerra a una principal.

La estrategia ha evolucionado tanto, dice, que el objetivo es ahora conquistar un Estado sin siquiera atacarlo físicamente, sobre todo utilizando agentes de influencia dentro de él. Esto es esencialmente lo que Robert Kaplan propuso y discutió en su ensayo para *The Atlantic Monthly* en julio/agosto de 2003, "Supremacy by Stealth".

Uno de los más siniestros teóricos del Nuevo Orden Mundial y del imperio estadounidense, Robert Kaplan, aboga explícitamente por el uso de un poder inmoral e ilegal para promover el control estadounidense del mundo entero. Su ensayo analiza el uso de operaciones encubiertas, el poder militar, los trucos sucios, la propaganda negra, la influencia y el control encubiertos, la formación de opinión y otras cosas como el asesinato político, todo ello sujeto a su llamamiento general a una "ética pagana", como medio de perpetuar la hegemonía estadounidense.

Capítulo 8

La vergüenza de Irak

L a erosión de la integridad y la viabilidad de un país objetivo ha sido siempre un objetivo consciente del proyecto colonial occidental. Crear inestabilidad e insatisfacción con la realidad existente era una condición previa necesaria para "domesticar" y luego integrar a los pueblos indígenas en el modelo jerárquico dominante. Hoy, por supuesto, se nos dice que el colonialismo pertenece al pasado. Las grandes naciones de la comunidad internacional ya no tratan de esclavizar a sus vecinos menos afortunados, sino que aplican políticas de benevolencia global, dentro de los límites impuestos por la sana competencia, por supuesto. No se nos dice cuándo tuvo lugar esta conversión milagrosa, pero tal vez ocurrió gradualmente, en paralelo a la creciente brecha entre los ricos y los pobres del mundo. En cualquier caso, basta con echar un vistazo a la situación del mundo musulmán para echar por tierra esta tonta ilusión.

Mientras la sociedad iraquí se hunde cada vez más en el caos, comediantes y comentaristas de todo tipo han hecho mucho hincapié en la supuesta incompetencia y estupidez de nuestros dirigentes. Pero como sugirió recientemente el *Canadian Spectator*, si Estados Unidos no estuviera dirigido por bufones, sería algo bueno,

> "la conclusión es que el caos, el empobrecimiento y la guerra civil en el mundo musulmán... lejos de ser consecuencias involuntarias, son precisamente los objetivos de la política estadounidense.

La razón del estado actual de las cosas es que, como acabo de decir, el Comité de los 300 ha salido de la sombra de la

JOHN COLEMAN

conspiración global desde la que siempre ha operado, para salir a la luz, más allá de la conspiración. Ya no hay ninguna pretensión; un Nuevo Orden Mundial dentro de un Gobierno Mundial Único es el objetivo declarado abiertamente. Al igual que con el 11-S, el acontecimiento desencadenante de la guerra contra el terrorismo, la incompetencia es la explicación preferida para el escenario de pesadilla que se vive hoy en Irak. Aunque sea contrario a la intuición de las poblaciones domesticadas de Occidente, un plan para fragmentar deliberadamente a Irak a lo largo de líneas étnicas está ampliamente confirmado por los documentos publicados. Resucitando viejos planes sionistas, el Consejo de Relaciones Exteriores de Estados Unidos ha pedido recientemente la disolución del "Estado antinatural iraquí". Debido a su diversidad étnica, se dice que Irak es una construcción falsa y artificial, producto de decisiones coloniales arbitrarias de principios del siglo XX . Este juicio podría aplicarse a muchos países del mundo y, sin embargo, el tema es adoptado con entusiasmo por muchos "expertos" que jamás soñarían con cuestionar la soberanía estatal en Quebec, el País Vasco o Irlanda del Norte. El analista político neo-bolchevique Michael Klare calificó recientemente a Irak como un país "inventado":

"... Para facilitar su explotación petrolera en la región, los británicos crearon el ficticio "Reino de Irak" repatriando tres provincias del antiguo Imperio Otomano ... y lanzando en paracaídas a un falso rey de lo que más tarde sería Arabia Saudí. "

Aceptando la falsa justificación de la administración Bush para la invasión, Klare atribuyó la resistencia suní al deseo de una mayor participación en los ingresos del petróleo en la futura partición del país. La idea de que la resistencia se extiende más allá de los "suníes" o puede estar motivada por el nacionalismo iraquí o la necesidad de autodeterminación está ausente. En última instancia, la facilidad con la que los académicos occidentales deciden casualmente remodelar los países de su elección se debe al continuo legado del Comité de los 300.

Al clásico estilo del siglo XIX, las cabezas parlantes sugieren que

Irak, a pesar de sus cinco mil años de historia, es ahora incapaz de gestionarse a sí mismo y que, por tanto, su destino debe ser decidido por potencias externas. Un país que resistió seis semanas de la campaña de bombardeos más intensa de la historia en 1991 (que, según la ONU, dejó a Irak en una "era preindustrial") y que siguió sobreviviendo a 12 años de las sanciones más brutales y devastadoras jamás impuestas a una nación es ahora alegremente relegado a la historia por los llamados expertos occidentales. Para apoyar su tesis, el mito de los antiguos odios sectarios, alimentado por los gánsteres de la "intervención humanitaria", es esgrimido a diario por los periodistas que no cuestionan el origen de los atentados "sectarios" y no informan de las opiniones de los iraquíes de a pie (que culpan al ejército de ocupación y a su gobierno títere del caos orquestado).

Los preparativos para la ocupación de Irak comenzaron casi inmediatamente después del primer asalto en 1991. Además, con este ataque ilícito llamado "Tormenta del Desierto" no sancionado por la Constitución de los Estados Unidos y que no encuentra ninguna autoridad en el *Derecho de Gentes* de Emmerich Vattel, *la* "Biblia" en la que se basa en gran medida la Constitución de los Estados Unidos, los Estados Unidos cayeron por el precipicio en un cañón de barbarie que rivaliza con cualquier cosa vista en la Edad Media, o incluso más tarde en la invasión mongola de Europa.

"La Tormenta del Desierto fue el peor tipo de bandolerismo sin ley, por el que Estados Unidos está destinado a pagar un alto precio. Con la imposición arbitraria de zonas de exclusión aérea en el norte y el sur del país a instancias únicamente de George Bush padre, en flagrante violación del derecho internacional y de la Constitución de Estados Unidos, y con la profana aquiescencia de los medios de comunicación occidentales, que ya estaban dividiendo el país en tres regiones antagónicas entre sí, se preparó el escenario para una de las peores atrocidades que ha sufrido un país en la historia antigua y moderna.

El primer indicio de lo que se avecinaba fue el saqueo organizado de museos (170.000 objetos perdidos) y la quema de bibliotecas tras la caída del gobierno de Saddam Hussein en 2003. Más tarde, cuando el primer jefe de las fuerzas de ocupación, el general Jay Garner, recomendó mantener el ejército iraquí y crear un gobierno de coalición, el secretario de Defensa Rumsfeld lo destituyó de su cargo. Su sucesor, Paul Bremer, desmanteló entonces el ejército y otras instituciones nacionales clave, al tiempo que "perdía" unos 9.000 millones de dólares de los ingresos del petróleo iraquí en el proceso.

El ejército títere reconstituido estaba formado casi exclusivamente por miembros de las comunidades kurda y chiíta. Mientras tanto, asesinos anónimos empezaron a atacar a la comunidad académica iraquí, lo que acabó provocando una enorme "fuga de cerebros" del país y debilitando aún más la capacidad de recuperación del país. A medida que los grupos armados de la oposición se fueron activando en el país, se produjeron una serie de acontecimientos que llevaban el sello de las operaciones encubiertas diseñadas para avivar el conflicto sectario y manchar a la Resistencia iraquí. A continuación se presenta un breve resumen de los incidentes más sospechosos.

Cuando un camión bomba arrasó la sede de la ONU a los cuatro meses de la ocupación, matando al enviado especial Sergio Vieira de Mello y a otras 19 personas, el procónsul Bremer sugirió dos posibles culpables: "leales a Sadam o insurgentes extranjeros". Sin embargo, Ahmed Chalabi, del gobierno interino, había sido advertido del ataque la semana anterior. Chalabi había sido advertido de que se atacaría un "objetivo fácil", pero que no sería "ni la Autoridad de la Coalición ni las tropas de la Coalición". Pero la ONU, cuya seguridad se había retirado ese día, nunca fue advertida.

En noviembre de 2003, mientras la campaña de la guerrilla infligía grandes pérdidas a las fuerzas estadounidenses, los medios de comunicación y la autoridad gubernamental interina comenzaron a realizar un lavado de cerebro sectario. Tras semanas de alarmismo sobre una guerra civil, explosiones coordinadas mataron a 143 civiles chiíes en Kerbala y Bagdad.

La culpa es de "Al Qaeda", pero el periodista Robert Fisk hace la pregunta obvia: *"Si un grupo suní violento quisiera echar a los estadounidenses de Irak... ¿por qué querrían poner a la población chiíta... el 60% de los iraquíes, en su contra?* "No se dio ninguna respuesta, y los ataques sin sentido aumentaron.

A principios de febrero de 2004, las autoridades estadounidenses afirmaron haber interceptado un mensaje procedente de Irak en el que se pedía ayuda a "Al Qaeda" para fomentar la guerra civil. Casi inmediatamente, como para subrayar el mensaje, una explosión mató a 50 chiitas en la pequeña ciudad de Iskandariya. "Los terroristas hacen temer una guerra civil", informó *The Independent,* contradiciendo a los habitantes de la ciudad que, sin excepción, atribuyeron la explosión a un ataque aéreo estadounidense. "Oyeron un helicóptero sobrevolando la zona y el estallido de un misil justo antes de la explosión.

La explosión dejó un cráter de un metro y medio de profundidad, más acorde con un misil que con un coche bomba.

Al igual que en el caso de la organización matriz, nada en este grupo suena a verdad. Hasta 2004, Al Qaeda, una organización exclusivamente suní, nunca había pronunciado una palabra contra los chiíes. Pero a medida que la campaña de la resistencia iraquí cobraba un impulso irresistible, el aparentemente fallecido militante jordano Abu Musab Zarqawi resurgió de repente. Tras llamar a la guerra contra la comunidad chiíta "infiel", dirigió una campaña paralela caracterizada más por los ataques gratuitos a la población civil que por la expulsión de Estados Unidos de Irak.

Durante los años siguientes, cada vez que Estados Unidos lanzaba ataques masivos en Irak, se "descubría" convenientemente que Zarqawi estaba escondido. El asalto a Faluya de noviembre de 2004 se llevó a cabo con fósforo blanco y dejó al menos 6.000 muertos bajo las ruinas, pero la vigilancia estadounidense era tan estrecha que, al parecer, se observó a Zarqawi, con su única pata de palo, ¡huyendo el primer día! Entre los iraquíes, el polifacético Zarqawi era visto como una especie de arma de destrucción masiva móvil capaz de aparecer allí donde se le necesitara. Su historia siguió siendo increíble hasta el final, con fotos publicadas que mostraban el cuerpo ligeramente magullado de un hombre muerto por una bomba 5001b. La verdad es ciertamente más extraña que la ficción cuando se trata de la multiplicidad de situaciones inventadas que ocurren en Irak casi a diario.

En abril de 2004, el juego estaba en marcha. Faluya se convirtió en la primera ciudad importante que quedó bajo el control abierto de la Resistencia. Simultáneamente, la represión estadounidense provocó un levantamiento del ejército chiíta Mehdi y Estados Unidos se encontró luchando en una guerra en dos frentes. Siguieron manifestaciones masivas de solidaridad interconfesional: el 9 de abril, 200.000 suníes y chiíes se reunieron para una oración colectiva en la mayor mezquita suní de Bagdad, donde el predicador principal se burló de la posibilidad de una guerra civil como pretexto de Estados Unidos para prolongar la ocupación.

Estados Unidos se enfrentó a un coro de protestas en todo el mundo cuando aporreó Faluya desde el aire en un intento desesperado de retomar la ciudad. Entonces se filtraron a la prensa fotografías de las torturas sistemáticas en el centro de detención de Abu Ghraib, lo que acabó con la poca credibilidad que conservaba Estados Unidos en la opinión mundial. Sin embargo, para desviar la atención de esta publicidad negativa, grupos militantes hasta ahora desconocidos empezaron a secuestrar a ciudadanos extranjeros y a difundir horribles vídeos en los que las víctimas de los secuestros eran frecuentemente decapitadas ante las cámaras cuando no se cumplían las exigencias de los secuestradores.

La primera víctima fue el empresario Nick Berg, en una supuesta "represalia" en Abu Ghraib. Este asesinato, supuestamente obra de Al Zarqawi, fue objeto de escrutinio cuando medios de comunicación independientes pusieron en duda la veracidad del vídeo de la ejecución. Se estableció que el vídeo había sido subido a Internet desde Londres y, tras el examen de las imágenes por un forense mexicano, muchos observadores coincidieron en que el hombre que aparece en la película ya era un cadáver cuando fue decapitado.

Margaret Hassan, una cooperante angloirlandesa, había vivido en Irak durante 30 años y había dedicado su vida al bienestar de los iraquíes necesitados, luchando sin descanso contra las sanciones de la ONU y oponiéndose a la invasión angloamericana. Por eso, cuando fue secuestrada de camino al trabajo en otoño de 2004, los iraquíes se mostraron incrédulos. Se lanzaron campañas de información espontáneas y un cartel que mostraba a Hassan sosteniendo a un niño iraquí enfermo apareció en vallas publicitarias de la capital. "Margaret Hassan es una verdadera hija de Irak", decía. Los pacientes de los hospitales iraquíes salieron a la calle para protestar contra los secuestradores, y destacados grupos de la resistencia, entre ellos el fantasma de Zarqawi, pidieron su liberación.

Sus captores no hicieron ninguna exigencia específica, pero en el vídeo de cautiverio Hassan suplicó la retirada de las tropas británicas. En los casos anteriores, los grupos se identificaron y utilizaron los vídeos para plantear sus demandas. Pero el secuestro de Margaret Hassan fue diferente desde el principio. Este grupo no utilizó ningún nombre específico ni ninguna pancarta o bandera para identificarse. En sus vídeos no aparecen los habituales pistoleros encapuchados ni recitaciones del Corán. Otras mujeres secuestradas han sido liberadas "cuando sus captores reconocieron su inocencia". Pero no en el caso de Hassan, a pesar de que hablaba árabe con fluidez y podía explicar su trabajo a sus captores en su propio idioma. Pronto salió a la luz un vídeo que pretendía mostrar su ejecución, y un hombre iraquí, Mustafa Salman al-Jubouri, fue posteriormente condenado a cadena perpetua por un tribunal de Bagdad por ayudar e instigar a los secuestradores. Hasta la fecha, ningún grupo ha reivindicado la autoría del acto.

Mucho después de que empezaran a aparecer pilas de cadáveres en las carreteras, víctimas de asesinos anónimos, la revista *Newsweek* informó de un plan del Pentágono para utilizar escuadrones de la muerte para eliminar a los combatientes de la resistencia iraquí y a sus partidarios. La "opción Salvador", denominada así por una campaña similar en Centroamérica en la década de 1980, fue confirmada por informes posteriores sobre la participación del Ministerio del Interior en los florecientes escuadrones de la muerte. A medida que aumentaban las víctimas, los medios de comunicación corporativos filtraron la historia a través de la lente de los fanáticos suníes que atacaban a civiles chiítas inocentes. Sin embargo, los hechos cuentan una historia diferente. Según un informe del Centro de Estudios Estratégicos e Internacionales, el grueso de los ataques de la resistencia (75%) se dirigió a las fuerzas de la coalición, superando con creces cualquier otra categoría en su estudio (con ataques clasificados por cantidad, tipo de objetivo y número de muertos y heridos).

Contrariamente a la imagen de los medios de comunicación, los objetivos civiles sólo representan el 4,1% de los ataques. Después de que 300.000 chiíes protagonizaran en Bagdad las mayores manifestaciones populares desde 1958, el Sr. Junaid Alam se preguntó:

> "¿Habría salido un número tan masivo de chiíes a protestar contra la ocupación si hubieran pensado que la mayor parte de la resistencia armada de base suní, también opuesta a la ocupación, estaba tratando de matarlos? "

En 2005 se produjo un aumento espectacular del uso de coches bomba, a menudo contra objetivos civiles inocentes. Aunque se cree que la red de Zarqawi no tiene más de mil hombres en Irak, aparentemente cuenta con un suministro inagotable de personal dispuesto a sacrificar su vida por la guerra santa. Sin embargo, otros relatos sugieren una explicación diferente.

En mayo de 2005, Imad Khadduri, ex exiliado iraquí, informó de cómo un conductor al que se le había confiscado el carné en Bagdad fue interrogado durante media hora en un campamento militar estadounidense, se le dijo que no se iban a presentar cargos contra él, y luego se le dirigió a la comisaría de al-Khadimiya para que le devolvieran el carné.

El conductor se alejó a toda prisa, pero pronto tuvo la impresión de que su coche llevaba una carga pesada, y también desconfió de un helicóptero que volaba a baja altura y que se mantenía sobre él, como si le siguiera. Detuvo el coche y descubrió casi 100 kilogramos de explosivos escondidos en el asiento trasero. La única explicación posible para este incidente es que el coche fuera realmente una trampa para los estadounidenses y tuviera como destino el barrio chiíta de al-Jadimiya en Bagdad. El helicóptero vigilaba sus movimientos y era testigo del "horrible ataque planeado por elementos extranjeros". "

(Según Khadurri, el escenario se repitió en Mosul, cuando el coche de un conductor se averió de camino a la comisaría de policía a la que había sido enviado para recoger su licencia. Entonces se dio la vuelta para descubrir que la rueda de repuesto estaba cargada de explosivos).

Ese mismo mes, Haj Haidar, un agricultor de 64 años, que transportaba su carga de tomates de Hilla a Bagdad, fue detenido en un puesto de control estadounidense y su camioneta fue registrada de arriba abajo. Cuando se le permitió continuar, su nieto de 11 años le dijo que había visto a uno de los soldados estadounidenses colocar un objeto gris del tamaño de un melón en medio de los contenedores de tomate.

Al darse cuenta de que el vehículo era su único medio de trabajo, Haidar resistió su impulso inicial de correr y sacó el objeto de su camión, colocándolo en una zanja cercana. Más tarde se enteraría de que el objeto había explotado, matando parte del rebaño de ovejas de un pastor que pasaba por allí.

En este punto, el legendario periodista iraquí "Riverbend" escribió que muchos de los llamados atentados suicidas eran en realidad coches bomba o bombas de relojería activadas a distancia. En él se contaba cómo un hombre fue detenido por disparar presuntamente a un guardia nacional tras las enormes explosiones en el oeste de Bagdad. Pero según los vecinos del hombre, lejos de disparar a alguien, había visto :

... una patrulla estadounidense que pasaba por la zona y se detuvo en el lugar de la bomba minutos antes de la explosión. Poco después de salir, la bomba explotó y se produjo el caos. Salió corriendo de su casa gritando a los vecinos y

transeúntes que los estadounidenses habían puesto la bomba
o la habían visto y no habían hecho nada. Se lo llevaron
rápidamente.

El 19 de septiembre de 2005, en Basora, unos policías iraquíes sospechosos dieron el alto a unos soldados británicos vestidos de civil en un Toyota Cressida. Los dos hombres abrieron fuego, matando a un policía e hiriendo a otro. Finalmente capturados, fueron identificados por la BBC como miembros de las fuerzas especiales de élite SAS. Los soldados llevaban pelucas y vestían como árabes, y su coche estaba repleto de explosivos y equipo de remolque. Fattah al-Shaykh, miembro de la Asamblea Nacional iraquí, dijo a Al-Jazeera que el coche debía explotar en el centro del popular mercado de Basora. Pero antes de que su teoría pudiera confirmarse, los tanques del ejército británico arrasaron con la celda de la prisión local y liberaron a sus siniestros agentes. Los planes para orquestar el caos sectario se hicieron más evidentes en el tercer año de la ocupación. En uno de los incidentes, la policía de Bagdad informó a los comandantes del ejército chiíta del Mehdi de que unos hombres armados cerca de la aldea de Madain tenían como rehenes a 150 civiles chiítas.

Cuando las milicias enviaron combatientes a la zona para negociar su liberación, fueron atacados y perdieron al menos 25 hombres. "Creo que fue un montaje; el tiroteo fue muy fuerte", dijo Mehdi, ayudante de la milicia, y añadió que los atacantes utilizaron francotiradores y ametralladoras pesadas. Los habitantes de la ciudad no estaban al tanto de la supuesta toma de rehenes y no se descubrió ningún rehén en el lugar de los hechos. Aunque el implacable lavado de cerebro sectario surtió claramente efecto, los iraquíes siguieron rechazando la idea de una guerra civil.

Sin embargo, tras la destrucción de la Mezquita Dorada de Samarra, la escala de las matanzas en Irak ha aumentado drásticamente. Los responsables de este crítico ataque llevaban uniformes de la Guardia Nacional iraquí, según los guardias de la mezquita. Las fuerzas conjuntas de la Guardia Nacional iraquí y de Estados Unidos, que estaban patrullando la zona todo el tiempo, fueron testigos de un ataque de los milicianos a una mezquita suní como parte de una "respuesta" planificada de antemano. '

Sin embargo, la respuesta de la mayoría de los iraquíes de a pie fue muy diferente, según Sami Ramadani:

> *Ninguna de las marchas de protesta, en su mayoría espontáneas, se dirigió a las mezquitas suníes. Cerca del santuario bombardeado, los suníes locales se unieron a la minoría chiíta de la ciudad para denunciar la ocupación y acusarla de compartir la responsabilidad del atropello. En Kut, una marcha encabezada por el ejército del Mahdi de Sadr quemó banderas estadounidenses e israelíes. En la zona de Sadr City, en Bagdad, la marcha contra la ocupación fue masiva.*

Sin embargo, los medios de comunicación occidentales podrían ahora aprovechar cualquier incidente como prueba de una desintegración social irreparable. El columnista Daniel Pipes observó con aprobación que la lucha sectaria reduciría los ataques a las fuerzas estadounidenses mientras los iraquíes luchaban entre sí. Sus comentarios se repitieron en Fox News con leyendas en pantalla que decían: "El lado bueno de la guerra civil" y "Guerra civil total en Irak: ¿es algo bueno? "

La clave para justificar el horrible asalto colonial a Irak fue la incesante fabricación de propaganda. Aunque no es demostrable, debe haber alguien en la administración Bush que haya estudiado a Curzio Malaparte.

El director de juego Thomas Freidman había comparado el Iraq de Saddam con una Alabama étnicamente segregada en la época del linchamiento. Los chiíes y los kurdos eran considerados infrahumanos.

Aunque el ministro de Sanidad es kurdo y el gobierno ha tenido dos primeros ministros chiíes (Sadoun Humadi y Mohammed Al-Zubaidi), el hecho de que el vicepresidente sea cristiano nunca perturbó el "análisis" de Freidman. De hecho, los iraquíes rara vez preguntaban por la religión o la etnia de los dirigentes y funcionarios ante los que rendían cuentas. Sencillamente, no era un asunto que les preocupara.

Mientras tanto, para la brigada de los "derechos humanos", propagandistas como Johann Hari, de *The Independent*, construían una caricatura bidimensional de un país en el que un régimen infernal asesinaba a 70.000 de sus propios ciudadanos cada año (sin que nadie se diera cuenta realmente). Sin embargo, a pesar de los crímenes admitidos por el gobierno del Baaz, un visitante podía caminar por Bagdad en la década de 1990 sin encontrarse con tanques, coches bomba, secuestros, ataques aéreos, escasez de combustible, cortes de energía y vastos gulags de detención. Y sea cual sea la magnitud de los crímenes de Saddam, palidecen en comparación con los de las fuerzas de ocupación estadounidenses.

Saddam no pretendía desmantelar el gobierno, el ejército, las instituciones civiles, saquear museos y matar a profesores e intelectuales, limpiar étnicamente a cristianos y suníes e incitar a la violencia intersectaria. Saddam no pretendía aumentar la desnutrición, reducir el flujo de agua potable, cortar la electricidad, eliminar la red de seguridad social, aumentar la pobreza y el desempleo o enfrentar a los iraquíes entre sí en una lucha feroz por la supervivencia.

Saddam no estuvo a la altura de la teoría neoconservadora de la "destrucción creativa", que deliberadamente sumió a toda una nación en el caos, destruyendo el tejido de la sociedad iraquí y dejando que el pueblo se refugiara en las milicias para protegerse. Lo cierto es que la proximidad del pico de producción mundial de petróleo amenaza con debilitar fatalmente el bloque de poder estadounidense.

Por lo tanto, no se podía permitir que el Irak de Saddam, un estado independiente y rico en petróleo en la región estratégicamente más importante del planeta, sobreviviera. Pero la intratable resistencia a la ocupación obligó a Estados Unidos a recurrir a su plan de contingencia (oficialmente, por supuesto, no tenía ninguno). En este plan se está elaborando algo similar a la balcanización tripartita del país propuesta por Oded Yinon. Los Estados independientes existentes deben ser desmantelados y sustituidos por un conjunto de protectorados débiles y dóciles.

Los detalles pueden ser muy diferentes, pero el desmembramiento de Yugoslavia sirve ciertamente de modelo para este desmembramiento.

En la década de 1990", escribe Diana Johnston, "la comunidad internacional liderada por Estados Unidos ya no estaba interesada en la construcción del Estado. La deconstrucción del Estado-nación era más compatible con las medidas de globalización económica".

Para ello, tanto en Irak como en Yugoslavia, Estados Unidos se ha aliado con los "divisores del Estado" y con los fanáticos sectarios, mientras afirmaba públicamente que defendía la soberanía nacional. Por si acaso, los ideólogos neobolcheviques lo han dejado claro: las tensiones sectarias "naturales", dicen, surgirán inevitablemente en ausencia de un Estado represivo que las controle. Por lo tanto, bajo su benévola dirección, se debe permitir que Irak se descomponga en sus componentes étnicos.

Tras el bombardeo de Irak en 1991 y el anuncio de George Bush padre de un "nuevo orden mundial" de hegemonía estadounidense, los foros de política exterior proclamaron efectivamente la obsolescencia del Estado-nación. De hecho, la imposición global del modelo occidental de desarrollo tras la Segunda Guerra Mundial ya había acabado con la tradicional independencia del Estado. La "nueva" ideología era simplemente el reconocimiento de los hechos sobre el terreno. Tras el colapso de la Unión Soviética, los famosos defensores de la ideología antiestatal predijeron la proximidad del "fin de la historia", que vería a todos los pueblos del mundo integrados en un modo de vida global, urbano, capitalista y consumista.

De este modo, la "caótica diversidad de culturas, valores y creencias que subyace a los conflictos del pasado" quedaría suprimida en un proceso general de homogeneización política y cultural. Todavía es demasiado pronto para predecir el fin de esta visión delirante, pero en todo el mundo la gente está eligiendo forjar su propio futuro, cada vez más sorda a los consejos de las superélites. En Irak, la conciencia global es más fuerte que en cualquier otro lugar.

De este modo, el pronóstico de un conflicto sectario generalizado no se materializó. A medida que la resistencia armada intensifica su lucha contra Estados Unidos y se enfrenta abiertamente a los terroristas yihadistas salafistas, un colgante se ha hecho muy popular entre los iraquíes. Se ve en las calles y en la televisión, con presentadoras que lo llevan mientras leen las noticias. El colgante tiene forma de Irak.

Cuando los canales de televisión mostraron a adolescentes empuñando Kalashnikovs contra el ejército más poderoso del mundo en Faluya, las imágenes sugerían una lucha de máxima importancia. Pero junto a la resistencia armada, periodistas, intelectuales, sindicalistas e iraquíes de toda condición se enfrentan al poder militar-industrial en su propio terreno.

Capítulo 9

Plan de guerra más allá de la conspiración

C omo en todas las llamadas "situaciones de crisis", la "crisis" nació de una situación fabricada. El hundimiento del Lusitania, el ataque japonés a Pearl Harbor y los supuestos ataques de torpederos a la flota estadounidense en el Golfo de Tonkín, que permitieron al presidente Johnson enviar fuerzas estadounidenses a Vietnam, son ejemplos perfectos. Espero haber demostrado que el ataque no provocado a Yugoslavia fue una continuación de estas situaciones inventadas, al igual que el ataque de 2001 a Irak con el pretexto de que poseía imaginarias "armas de destrucción masiva". No se me ocurre mejor manera de contar la verdad sobre lo que ocurrió en el período previo a la guerra contra Yugoslavia ordenada por Clinton que de boca del difunto presidente Milosevic.

En primer lugar, en lo que se refiere al difunto presidente Milosevic, las descripciones de la prensa occidental estaban fuera de lugar: inteligente, tranquilo y digno, un hombre que sabía quién era y no necesitaba hacerse publicidad.

A diferencia de Albright, cuyo padre fue considerado responsable del robo de una valiosa colección de arte perteneciente al propietario del piso que alquilaba, la honestidad de Milosevic fue comentada por varios representantes neutrales de gobiernos extranjeros que dijeron que siempre se había comportado con confianza y dignidad.

Al explicar lo sucedido, el difunto Slobodan Milosevic dejó claro quiénes fueron los instigadores de la guerra contra Serbia:

> *"Yugoslavia era una federación moderna con diferentes culturas, diferentes herencias, que vivían sin mucha*

discordia y la cuestión de quién es macedonio, quién es croata, etc. fue impuesta desde fuera, sobre todo por el americano Holbrook. Fue entonces cuando surgieron los problemas. Nadie con interés en su bienestar se pondría a agitar la disolución de Yugoslavia, mientras parte del pueblo croata vivía en Bosnia, etc.? ¿O los musulmanes? ¿Y qué sería de nosotros, divididos en pequeños estados?

En Europa no se reconocen las diferencias culturales y étnicas. Cada país necesita nuevas fórmulas para tratar las diferencias culturales y étnicas de forma respetuosa. Yugoslavia tenía un código así. Se supone que la OTAN es una alianza. Una alianza significa estados iguales. Pero, de hecho, la OTAN es una máquina de guerra impuesta por el señor americano. Es comprensible que Estados Unidos, como nación más poderosa, aspire a un papel de liderazgo. Los estadounidenses podrían haber sido benévolos. Pero en lugar de eso, elegiste el camino del César, derramando sangre y matando naciones. Así que se perdió el milenio, no sólo el siglo. Sería cómico si no fuera trágico.

Todo se volvió transparente. Considere esta breve historia. En octubre de 1997 se reunieron los líderes de los países del sureste de Europa, todos nosotros. Establecimos un muy buen entendimiento. Propuse: "Hagamos algo por nosotros mismos. Eliminemos los aranceles entre nosotros. La reunión fue muy bien. Tuve excelentes conversaciones en persona con Fatos Nano, el Primer Ministro albanés. Hablamos de la apertura de nuestras fronteras y dijo que Kosovo era un problema interno de nuestro país. El mensaje de esta reunión fue que en el sureste de Europa las cosas se resolverán mediante la consulta mutua. Un mes después, recibí una carta del Ministro de Asuntos Exteriores alemán, Klaus Kinkle, y del Ministro de Asuntos Exteriores francés, Hubert Vedrine, en la que me decían que estaban muy preocupados por los albaneses. Y luego, por supuesto, el BND [servicio secreto alemán] organizó el llamado ELK en 1998. Empezaron a disparar, matando a carteros, guardabosques; lanzaron bombas en los cafés, cerca de los mercados verdes. Reaccionamos como lo haría cualquier Estado. En el verano de 1998, ya habían desaparecido, destruidos. En ese momento, el enviado a los Balcanes] Richard Hollbrooke vino aquí para insistir en que se permitiera a su personal armado entrar en Kosovo, como observadores, dijo: hablamos. Nuestras discusiones fueron frustrantes. Un día resolvíamos un problema y al siguiente Hollbrooke lo reabría. Dije: '¡Pero si este problema lo resolvimos ayer! ". Y decía: "Instrucciones". Quería enviar 20.000 supuestos observadores armados. Esto fue acompañado por la amenaza de que la OTAN nos bombardearía.

Tratamos de minimizar los daños de este chantaje, de movilizar a la opinión pública mundial. Al mismo tiempo, redujimos las exigencias de Holbrooke de 20.000 a 2.000 personas, y de observadores armados a observadores desarmados. Así que no fue una invasión armada pura y dura. Pero sigue siendo un ataque a nuestra soberanía. Pusieron a un criminal, William Walker, a cargo de sus observadores. Este es un hombre que trabajó con los escuadrones de la muerte en El Salvador. Supuestamente diplomáticos, sus observadores eran en su mayoría agentes de inteligencia, tras el barniz de la empresa privada estadounidense DynCorp. Al igual que Lockheed, DynCorp obtiene todo su dinero de los contratos gubernamentales y militares. Se trata de una agencia de espionaje privada que proporciona información al Pentágono y a otras agencias gubernamentales estadounidenses.

Walker creó Račak, la falsa masacre, basándose en su experiencia en El Salvador. Račak fue entonces utilizado por Madeleine Albright para justificar su ultimátum para negociar en Rambouillet. Nos dijeron: negociar o ser bombardeados. Por supuesto, según el derecho internacional, ningún tratado resultante de las amenazas es legalmente vinculante. Pero esa no era su preocupación. Decidimos utilizar estas supuestas negociaciones para ilustrar nuestra posición. Nuestra delegación estaba compuesta por nuestros grupos nacionales. Incluía a personas de etnia serbia, albanesa, gorani [musulmanes eslavos], romaníes [gitanos] y turcos. La composición de Kosovo antes de que el ELK [Ejército de Liberación de Kosovo] expulsara a la mayoría de ellos. Mientras tanto, el *texto completo del "acuerdo" de Rambouillet apareció en una publicación albanesa tres días antes de que nuestra delegación llegara a Francia. ¿Lo ves? Se había redactado con antelación. Nuestros delegados lo leyeron. Uno de ellos se lo enseñó a los americanos y les dijo: "Mirad, está mal hecho. Es una mierda. Y uno de los estadounidenses dijo: "¿De qué estás hablando? ¡Fue preparado por James O'Brien! Uno de nuestros mejores hombres. Escribió todos los documentos para la autonomía tibetana. Esto es lo que tuvimos que afrontar. ¿Y qué pasa con Clinton? Dijo que los serbios eran responsables de la Primera y la Segunda Guerra Mundial. Un periódico israelí me preguntó si la demonización de los medios antiserbios era una forma de genocidio. Al fin y al cabo, esta demonización se utilizó para justificar la guerra aérea, que consistió casi exclusivamente en bombardear a civiles, destruyendo la vida normal, la vida de un pueblo.*

Los serbios son los únicos europeos que han sido bombardeados desde la Segunda Guerra Mundial. Se lanzaron 22.000 toneladas de bombas. Sin la avalancha de mentiras de los medios de comunicación, los ciudadanos occidentales de a pie nunca lo habrían permitido. Así que la demonización fue una parte crucial de la maquinaria de guerra, limitando la protesta internacional. Fue parte del genocidio. Los habitantes de los países de la OTAN aún no son conscientes de que se les ha mentido. Y no son conscientes del daño que ha hecho a sus sociedades. La administración Clinton introdujo la mentira en un aparato institucional aparentemente democrático, impidiendo así cualquier posibilidad de democracia. ¿Cómo pueden las personas tomar decisiones cuando basan su pensamiento en mentiras?

La destrucción de Yugoslavia es la prueba material de que Estados Unidos y otras fuerzas están comprometidas con un nuevo colonialismo. Si sus bonitas palabras sobre la integración mundial fueran ciertas, habrían conservado Yugoslavia. Encarnaba precisamente esa integración. Nadie puede estar en contra de la integración si es justa, si se trata a las personas por igual. El nuevo colonialismo consiste en hacer más rica a la pequeña parte y más pobre a la grande; y en matar a las naciones. Si pierdes tu país, tu independencia y tu libertad, todas las demás batallas están perdidas. ¿Cómo se puede organizar un país para la prosperidad si no se tiene país? Si entendemos que nos enfrentamos a un nuevo tipo de colonialismo, que ataca la soberanía nacional, podemos reunir todas nuestras fuerzas. La izquierda entendió alguna vez esta idea, por lo que las fuerzas imperiales han penetrado en la izquierda.

Pero la izquierda suele ser peor que la derecha. En Alemania, se deshicieron de Kohl y pusieron a Schroeder, que hará todo por los estadounidenses. Gorbachov también era estadounidense. Destruyó la Unión Soviética por ellos. Durante años, los rusos funcionaron como si estuvieran bajo hipnosis.

Los estadounidenses han conseguido hipnotizarlos para que crean que su economía depende del FMI y del Banco Mundial. Se han sacado cientos de miles de millones de Rusia; se está destruyendo la vida de los ciudadanos de a pie; y se está perdiendo el tiempo negociando préstamos del FMI.

Considera las posibilidades. Toda Europa occidental depende de la producción de gas natural. ¿Por qué no es Rusia el principal proveedor? Podría ser si los rusos tuvieran esto en mente en lugar de jugar a este juego tonto de depender del FMI. ¡Mira los modelos económicos que aplica el FMI! Kenneth Galbraith, el economista estadounidense, dijo: "Si los estadounidenses desplegaran estos modelos económicos en Estados Unidos, serían destruidos". La pregunta para los rusos es: ¿cuándo se darán cuenta de la necesidad y la posibilidad de ser sus propios dueños? No hay manera de jugar al juego americano y ganar. Estados Unidos controla todo el sistema bancario internacional.

Me atacaron por todo. El enviado estadounidense, Richard Hollbrooke, me dijo una vez: el gobierno suizo va a congelar sus cuentas. Le dije: "¿Por qué detenerse ahí? Espera un momento". Escribí unas palabras y le di el papel. "Aquí. Te he cedido todos los activos de mis cuentas en el extranjero. Puedes quedarte con cada centavo".

Se sorprendió. "¿Puedo? "¡Sí! Desgraciadamente, no hay cuentas". En general, en la banca, no se puede tener a los presidentes de los países escondiendo grandes cantidades de dinero. Es simplemente absurdo. El objetivo de todos los informes sobre cómo no han encontrado mi dinero todavía es dar a la gente la falsa impresión de que hay algo que buscar.

Un ciudadano privado en un canal de televisión serbio estaba criticando a los medios de comunicación, y en medio de ello, el canal cortó la corriente. Así de fácil. La pantalla se quedó en negro. Esto demuestra lo preocupado que está este régimen del DOS [instalado por un golpe de Estado en octubre de 2000] por el más mínimo pensamiento crítico. Me acusan de ser un dictador. Esto es ridículo. Antes del golpe de Estado, teníamos democracia. El 95% de los medios de comunicación eran privados y la oposición controlaba la mayor parte de ellos. En Kosovo, los albaneses tenían más de 20 medios de comunicación diferentes. En cualquier barrio se podía comprar un periódico que atacaba al gobierno. No teníamos ni un solo preso político. Pero este nuevo régimen promulgó las llamadas leyes de "amnistía", liberando a los miembros del ELK condenados por el asesinato de niños y otras personas. Lo llaman "la nueva libertad política". Yo lo llamo legalizar el terror. ¿Cómo se manifestó mi supuesta dictadura? Ibrahim Rugova, el líder secesionista albanés, podría dar una rueda de prensa en Belgrado. Podía pasearse libremente, almorzar y criticar todo. Y lo hizo. Nadie lo molestó.

Me acusaron de estar detrás de una serie de asesinatos que tuvieron lugar antes del golpe. El Ministro de Defensa fue asesinado. El Primer Ministro de la provincia de Vojvodina fue asesinado. El Secretario General de la Izquierda Yugoslava, el Viceministro del Interior de Serbia, el Director General de las Aerolíneas Yugoslavas, un amigo mío del gimnasio, fue asesinado. Eran personas con las que trabajaba, amigos. Ningún líder de la oposición fue asesinado. Así que mataba a mis amigos y perdonaba a mis enemigos. Una estrategia única.

Cuando se produce un delito, ¿no deberíamos preguntar:

Qui bono? ¿No es obvio que estos asesinatos se llevaron a cabo en beneficio de nuestros adversarios extranjeros? ¿Que fueron un intento de intimidar a los hombres y mujeres de nuestro gobierno? Pero los medios de comunicación controlados por Occidente dicen que soy responsable.

Los medios de comunicación de la oposición demonizaron a nuestro gobierno, a mi familia y a mí de todas las maneras posibles. Acusaron a mi hijo de ser un criminal. La televisión ha mezclado estas calumnias con programas importados de América; imágenes llamativas, atractivas sobre todo para los jóvenes. Lo hacen en todo el mundo. Es un ataque cultural.

Por supuesto, tuvo algún efecto. Los ciudadanos de nuestro país no están acostumbrados a las técnicas publicitarias basadas en la repetición de imágenes falsas. La oposición aprendió estas técnicas de Estados Unidos y otros países de la OTAN. Utilicé el término "oposición", pero en realidad no teníamos una oposición. Teníamos una Quinta Columna. La gente que nos bombardeaba le pagaba enormes cantidades de dinero.

Esto fue admitido abiertamente. Y esta quinta columna, que ahora ocupa cargos en el gobierno, ha llegado a aceptar cooperar con el Tribunal de La Haya, un falso tribunal creado en relación con el genocidio contra los serbios. De vez en cuando, detienen a un fundamentalista islámico o a un fascista croata, para garantizar el equilibrio. Pero el objetivo es destruir a los que apoyan a Yugoslavia, a los que defienden a Serbia, dejar a la gente corriente vulnerable a los ataques y hacer creer al mundo que la resistencia es imposible.

La semana pasada, las actuales autoridades de Belgrado enviaron a su primera víctima a La Haya. Es un serbio de Bosnia, activo en el campo de los refugiados. Y también estamos viendo la justicia al estilo de La Haya en Belgrado. Las autoridades actuales han detenido a Dragoljub Milanovic, director de la RTS [televisión estatal].

Así es como sucedió. En enero, la fiscal de La Haya, Carla del Ponte, vino a Belgrado. Nos acusó a Dragoljub Milanovic y a mí de asesinato. ¿Por qué lo hizo? Porque el 23 de abril de 1999, la OTAN bombardeó la RTS, matando a 16 personas en uno de sus bombardeos más crueles. Y, dijo, la OTAN había dejado claro que bombardearía; por lo tanto, según su loca lógica, nosotros éramos los responsables. El 8 de abril, los funcionarios franceses amenazaron con bombardear RTS. El día 9, rodeamos el canal de televisión con un escudo humano, periodistas, directores, funcionarios, todos juntos, con los brazos enlazados. Los ciudadanos serbios hicieron lo mismo en los puentes y en las fábricas, en todas partes.

Luego, Wesley Clark pareció retirar la amenaza, pero en cualquier caso, ¿qué debemos hacer? ¿No ir a trabajar? Los empleados ocuparon nuestra mayor fábrica de automóviles y escribieron una carta pidiendo a la OTAN que no bombardeara. La OTAN bombardeó de todos modos, matando e hiriendo a docenas de personas. ¿Eran culpables las víctimas? El Sr. Milanovic trabajó en RTS todo el mes y podría haber sido asesinado también. ¿Eso le habría hecho responsable de 17 muertes, en lugar de 16? Por supuesto, Carla del Ponte trabaja para la OTAN, para los bombarderos. Y las nuevas autoridades de Belgrado que han detenido a Dragoljub Milanovic por esta insensata acusación, estas personas también trabajan para la OTAN. Crímenes de guerra: ¿quién es culpable?

Hubo crímenes de guerra en Kosovo. ¿Pero por quién? ¿Por los terroristas, que cometieron atrocidades como algo natural; por la OTAN, que nunca perjudicó a nuestros militares? Bombardearon nuestras casas. Lanzaron bombas de racimo sobre nuestros mercados verdes. Bombas recubiertas de uranio. Estos son crímenes de guerra. Y son culpables del mayor crimen de todos: han lanzado una guerra ilegal y agresiva. Sus acciones ahora, todo lo que hacen, está diseñado para ocultar la responsabilidad criminal de Clinton, Albright, Blair, Schroeder, Solana, todos los demás.

Son los peores criminales de guerra. Pero me acusan. Dicen que ordené la masacre de albaneses en Kosovo. Y para demostrarlo, enviaron a expertos forenses por todo Kosovo, en busca de atrocidades. Fue un esfuerzo propagandístico, no una investigación científica. Era un teatro, para los medios de comunicación. Se informó de cada paso que daban estos expertos: están buscando los cuerpos; los desenterrarán pronto; encontraron un zapato; y así sucesivamente.

Con todo esto, la gente debe haber pensado: debe haber un delito grave aquí. La noticia que buscaban era una gran noticia, pero la de que no encontraban nada, era una noticia muy pequeña. Creo que mucha gente en sus países todavía cree que cometimos un genocidio contra los albaneses en Kosovo.

A finales de mayo de 1999, los rusos nos ofrecieron el llamado plan de paz "Yeltsin". Era un buen plan. Luego parece que los rusos se reunieron con los americanos en Finlandia, y cuando el enviado ruso, Victor Chernomyrdin, llegó a Belgrado, el plan era totalmente diferente. Se dijo que Kosovo seguiría siendo parte de Yugoslavia, pero el plan también contemplaba la retirada total de las fuerzas yugoslavas y la ocupación por parte de la ONU. Preguntamos cómo podíamos saber que esto no se convertiría en una ocupación de la OTAN y el terror del ELK. Chernomyrdin nos juró que nuestros hermanos rusos no lo permitirían.

¿Qué íbamos a hacer? Por un lado, la administración rusa había prometido no dejar que la OTAN se hiciera cargo. Por otro lado, había una clara amenaza. La OTAN había empezado a bombardear Kosovo.

Si no estábamos de acuerdo, los rusos dejaron claro que nos retirarían su apoyo y que seríamos condenados en los medios de comunicación internacionales como belicistas que ni siquiera aceptarían un plan de paz de nuestros hermanos rusos. Así que aceptamos firmar. Los líderes de nuestro gobierno lo discutieron, y luego el parlamento lo debatió y votó para firmar el acuerdo.

Tras el golpe de Estado del 5 de octubre, renuncié a la presidencia. No tuve que hacerlo. Podríamos haber montado un contraataque. Pero nuestro gobierno discutió la situación. Pensamos que las potencias extranjeras querían provocar un baño de sangre. Su idea era la siguiente: nosotros resistiríamos con firmeza; su quinta columna organizaría provocaciones violentas; nosotros actuaríamos para preservar el orden; entonces sus agentes escenificarían incidentes asesinos para las cámaras, acusándonos para dar la impresión de una represión despiadada. Entonces, con el pretexto de defenderse, podrían aplicar una solución chilena, apoyada por fuerzas externas.

Además, muchos ciudadanos de a pie fueron engañados en aquella época por los medios de comunicación del DOS, por la demonización de nuestro gobierno y por muchas falsas promesas, aparentemente apoyadas por las imágenes de la televisión occidental, imágenes seductoras de riqueza. Pensamos que la OTAN quería provocar una guerra civil, un baño de sangre y dejar que los serbios se mataran entre sí. Para crear un pretexto para la intervención. Tenemos experiencia directa de la guerra. Las pérdidas no pueden ser reemplazadas. Así que, si es posible, es mejor luchar en la esfera política. Así que renuncié. Esto tomó a los estadounidenses por sorpresa. Me han dicho que [la Secretaria de Estado estadounidense Madeleine] Albright llamó a Steven Erlanger del NY Times el 6 de octubre, muy disgustada. "¿Es posible que haya dimitido? "No podía creerlo. Eso estropeó sus planes.

¿Cree que los problemas económicos actuales se deben a la incompetencia de las nuevas autoridades o que fueron creados deliberadamente? La economía se ha arruinado.

Los directivos competentes han sido expulsados por la violencia o las amenazas. Han sido sustituidos por personas incompetentes, pero que hacen lo que las autoridades les dicen. ¿Y qué les dicen? Paralizar la economía y llevar a la quiebra a industrias enteras para poder venderlas por una miseria a sus jefes en Occidente. Esto no es como el colonialismo de antaño. Los extranjeros ponen a sus apoderados en el poder y se limitan a desnudar el país, a destruir la capacidad productiva local y a deshacerse de su basura. En el primer invierno después del bombardeo de la OTAN [es decir, el invierno de 1999-2000], no tuvimos restricciones en la calefacción. Fue un invierno feroz. El siguiente invierno fue suave, pero los nuevos llamados demócratas -Milosevic se refiere a la oposición "democrática" de Serbia, que tomó el poder en un golpe de Estado el 5 de octubre de 2000, con todas sus promesas de que Occidente haría esto y aquello- ¿qué consiguieron? Escasez constante de electricidad, y no hay que olvidar que nos calentamos principalmente con electricidad".

Hay mucho más en esta declaración, pero se han incluido aquí los aspectos más destacados, en los que el difunto presidente Milosevic hace un excelente relato de los métodos utilizados por el Nuevo Orden Mundial y deja claro que el ataque a Serbia fue una parte integral del avance del Nuevo Orden Mundial. Su relato vívidamente claro de la deshonestidad de Clinton, Hollbrooke y Albright y de la conducta traicionera del general Wesley Clark es escalofriante, ya que lo que vemos sobre el papel es el verdadero modus operandi que se utilizará en todas las futuras conquistas de los Estados nacionales recalcitrantes.

La guerra contra Yugoslavia es el modelo de las guerras que se librarán, más allá de la conspiración, por y en nombre del nuevo orden mundial, en el que Estados Unidos seguirá desempeñando el papel principal.

Capítulo 10

Las dictaduras rara vez aparecen como tales

L as dictaduras suelen nacer de otra forma y rara vez llevan el uniforme completo de la represión. Felix Dzerzhinsky solía pasearse por Moscú con el aspecto de un campesino ruso del campo, con una vieja y estrecha gorra mal ajustada pegada a la nuca. De ahí pasó a un viejo Rolls-Royce para merodear por las calles de Moscú. Los núcleos de la temida policía secreta de Stalin comenzaron a formarse en 1905, tras la guerra ruso-japonesa. Los horribles bolcheviques no "llegaron" de repente en 1917.

Cuando Julio César cruzó el Rubicón entre la autoridad civil y la militar con una legión romana, se rompió la tradición de proteger al gobierno civil de los generales victoriosos ávidos de poder, y comenzó el cambio radical de la República Romana al Imperio Romano.

Las similitudes entre los acontecimientos que acabo de mencionar y la actual administración Bush son bastante fáciles de detectar, especialmente en lo que respecta al enorme gasto militar. Nuestros Padres Fundadores nos advirtieron que un ejército permanente acabaría convirtiéndose en una amenaza para nuestra libertad.

Lee las palabras de San Jorge Tucker:

"Siempre que se mantienen ejércitos permanentes, los derechos del pueblo, la libertad, si no están ya aniquilados, están a punto de serlo. "

En primer lugar, la ley suprema del país, la Constitución de Estados Unidos, está siendo violada por la presencia de una gran fuerza armada estadounidense en Irak, donde no tiene autoridad legal para estar según la Constitución de Estados Unidos o el derecho internacional. Temiendo que César se convirtiera en rey y que el estado de derecho se viera comprometido (¿te suena?), el Senado no aprobó los cambios radicales que César había promulgado y lo asesinó. En las guerras civiles que siguieron, el sobrino nieto de César, Octavio, se convirtió en el primer emperador romano, César Augusto. Los padres fundadores de América eran hombres cultos. Conocían la historia griega y romana y querían evitar que se repitiera la historia en la nueva y joven nación.

Desde el comienzo de nuestra República, los anarquistas constitucionales que trabajan en secreto se propusieron destruir la ley suprema del país, la Constitución de los Estados Unidos y la Carta de Derechos. Al hacerlo, han intentado pervertir el principio de que la Constitución es la ley suprema del país y que sólo la Constitución, en la forma en que fue escrita, es la única manera de que perdure un gobierno justo y honesto. Las palabras del Honorable Hannis Taylor deben ser grabadas en piedra y anotadas con cuidado y preocupación:

> *"Su peticionario afirma que la historia de nuestra Constitución, tomada en su conjunto, consiste en una serie de esfuerzos para evadirla cada vez que sus disposiciones resultan inconvenientes para una clase particular en un momento determinado."*

Hannis Taylor había solicitado al Senado que detuviera el flagrante abuso de poder del presidente Wilson y la violación de su juramento al reclutar a la milicia para luchar en la Primera Guerra Mundial, algo para lo que no tenía autoridad. Si estuviera vivo hoy, Taylor seguramente habría presentado una nueva petición:

> "La petición que presentamos al tribunal del pueblo de los Estados Unidos indica que nunca en nuestra historia nuestra nación ha estado en mayor peligro que hoy en 2006, debido a la destrucción deliberada de la Constitución de los Estados Unidos. El ascenso al poder del Partido Republicano de la Guerra y su líder designado por el Tribunal Supremo, el juez

George Bush, ha sido rápido y está demostrando ser un desastre absoluto para la nación estadounidense. Los dos partidos políticos se han unido en una colusión para derrotar a la Constitución. "

Woodrow Wilson, un socialista disfrazado de demócrata, fue uno de los peores del linaje de anticonstitucionalistas que han ocupado hasta ahora la Casa Blanca. Destruyó el sistema de aduanas, arrastró a Estados Unidos a la Primera Guerra Mundial y se otorgó a sí mismo poderes que el poder ejecutivo no debía tener. Wilson puso a la nación estadounidense en el camino de la dictadura que tardó sólo unas décadas en evolucionar hasta la realidad actual. Y el Partido Republicano (con la excepción de Bob La Follette) ayudó en gran medida a Wilson en sus horribles crímenes contra la nación, no siendo el menor de ellos abrir la puerta al socialismo internacional.

Hitler permitió el incendio del Reichstag para generar una crisis. Los poderes judicial y legislativo se derrumbaron, abriendo la puerta al gobierno por decreto. Los decretos de Hitler se convirtieron así en ley. El pueblo alemán aceptó este gobierno dictatorial debido al clima de crisis y terror que se había creado. El Decreto para la Protección del Pueblo y del Estado (28 de febrero de 1933) suspendió las garantías de la libertad individual y permitió la detención y el encarcelamiento sin juicio. La Ley de Habilitación (23 de marzo de 1933) transfirió el poder legislativo a Hitler, facultándole para promulgar leyes (proclamaciones, ahora llamadas órdenes ejecutivas) que ahora se utilizan ampliamente en Estados Unidos y que se apartan de la Constitución, dejándola sin efecto.

Los bolcheviques eran diez mil veces peores. No pretendían tener buenas intenciones. Conspiraron abiertamente para despojar a Rusia de su condición de Estado-nación y hacerla caer. Gracias a Gran Bretaña y a Estados Unidos, la sangrienta toma del poder revolucionario por parte de los bolcheviques tuvo éxito y cometieron abiertamente las peores atrocidades jamás vistas, sabiendo que contaban con la aprobación tácita de Estados Unidos y Gran Bretaña. Los revolucionarios bolcheviques tomaron el poder absoluto, y su poder se volvió tiránico. Este sigue siendo uno de los mejores ejemplos de lo que H.G. Wells llamó "conspiración abierta".

La Constitución estadounidense prohíbe el poder absoluto. La Constitución estadounidense define el poder absoluto como "poder arbitrario". Prohíbe el ejercicio del poder arbitrario y condena las llamadas "leyes", como la Ley Patriótica, que establece tribunales secretos y agencias dedicadas al espionaje masivo del pueblo. ¿Se acerca hoy Estados Unidos a la situación de la URSS en 1931? La respuesta es sí. El Imperio Romano no se basaba en ninguna ideología. Se basaba en el poder desnudo. Y cada vez que el pueblo romano se alarmaba por ello, el ejército iniciaba guerras por su "seguridad", lo que permitía a la población permanecer tranquila, creyendo erróneamente que lo que hacía el ejército romano era por el bien de los ciudadanos de Roma. ¿No es la conducta de la administración Bush una perfecta superposición del Imperio Romano?

Los maestros de la Revolución Francesa afirmaban que se basaba en la libertad, la fraternidad y la igualdad, pero pronto se convirtió en un régimen totalitario (bajo la apariencia de democracia popular) acompañado de violencia institucional y gobierno por decreto. La dictadura de Hitler fue en gran medida personal y se basó en un programa elaborado en las logias ocultas de la organización masónica de la Sociedad Thule.

La dictadura que surgió de la revolución bolchevique se basó en un tipo de ideología simplista; la ideología de un gobierno dictatorial que Lenin declaró como la dictadura del Partido Comunista sobre el pueblo ruso. Lenin dijo:

"... Que se apoya directamente en la fuerza, sin estar limitado por nada, sin estar restringido por ninguna ley o regla moral absoluta".

¿No puede la gente pensante de Estados Unidos ver la similitud entre los bolcheviques y el actual Partido Republicano, fuertemente infiltrado? La dictadura del Partido Comunista gobernó únicamente por coacción, sin ningún tipo de freno ni inhibición, utilizando tribunales secretos, juicios secretos, torturas secretas, cárceles secretas y ejecuciones, con un enorme aparato estatal para mantener al pueblo con miedo y temblor y sin atreverse a cuestionar el nuevo reino del terror. Sin embargo, Wilson aplaudió a los bolcheviques y declaró que "algo maravilloso (o términos similares) ha ocurrido en Rusia".

Wilson podía decir esto porque era un socialista profundamente comprometido que había sido puesto en el cargo para destruir la Constitución estadounidense con el fin de llevar el socialismo a los Estados Unidos, un objetivo que todos los presidentes sucesivos han tratado de perseguir. Además, es de suponer que Wilson veía a Rusia como un modelo para los futuros Estados Unidos de América.

Al igual que Wilson, Franklin D. Roosevelt era un socialista apenas disimulado. Su ascenso al poder se logró gracias a la situación artificial que él y su gabinete planearon en Pearl Harbor. Pearl Harbor no sólo destruyó vidas y propiedades, sino que dio a Roosevelt una *excusa*, una licencia *para* destrozar la Constitución de Estados Unidos sin remedio, y lo hizo con la complicidad (con algunas notables excepciones) de los hombres de los partidos demócrata y republicano. Roosevelt fundió la separación de poderes en su falsa declaración de "Guerra contra la Pobreza" hasta que hoy, esta piedra angular de la Constitución está tan socavada que toda la Constitución está a punto de caer.

La fusión de poderes se *puso de manifiesto* con la *falsa* Ley de Poderes de Guerra. Hemos visto versiones del mismo "poder" falso siendo "transferido" al poder judicial desde la invasión de Irak en 1991, por un Congreso manso y suave cuando el Congreso sabía que no podía hacer tal cosa. Los poderes de guerra y paz corresponden exclusivamente al Congreso, pero Roosevelt se puso manos a la obra con su bola de demolición y finalmente rompió esa barrera. No hay ningún poder, explícito o implícito, en la Constitución de los Estados Unidos que permita la creación de la CIA, el FBI, la NSA, la NRO, la ATF; la FISA, la "Banda de los Ocho": tribunales secretos, presupuestos secretos, reuniones a puerta cerrada, prisiones secretas y cámaras de tortura secretas.

La Constitución de EE.UU. no contempla ninguna facultad

denominada "orden ejecutiva", porque una "orden ejecutiva" equivale a legislar y el poder ejecutivo tiene absolutamente prohibido legislar.

El magistrado -que es un título más correcto que el de "Presidente"- está para hacer cumplir las leyes aprobadas por el poder legislativo y nada más. Todas las órdenes ejecutivas son falsas, excepto aquellas que primero han sido debatidas por el poder legislativo, aprobadas por el Congreso y luego entregadas al Presidente para que las anuncie como una ley del Congreso, no como una ley del Presidente. No hay ningún poder en la Constitución de los Estados Unidos, expreso o implícito, que otorgue al gobierno otros poderes que los enumerados en los poderes delegados, Artículo I Sección 8 Cláusulas 1-18; y en ninguna parte se otorga al ejecutivo el poder de hacer la guerra o la paz, y el gobierno o cualquiera de sus ramas o funcionarios no tiene ningún poder para alterar o suspender la Constitución, excepto mediante una enmienda constitucional presentada a los Estados para su ratificación.

Incluso así, no sería una "enmienda", sino un acto para establecer una nueva constitución. Pero Roosevelt ignoró estas restricciones y se concedió a sí mismo "poderes de guerra", y los republicanos, con algunas notables excepciones, se sumaron a esta toma de poder.

Hoy tenemos al presidente Bush afirmando que tiene "poderes de guerra concedidos por el Congreso" y se ha puesto a crear agencias que han alterado radicalmente la forma de la Constitución y han destrozado las protecciones que garantiza. Y los demócratas, en general (el senador Joseph Lieberman es un buen ejemplo de uno de ellos), han seguido al magistrado de la Casa Blanca.

Tanto el partido republicano como el demócrata utilizan el subterfugio de las "órdenes ejecutivas" para eludir las restricciones de la Constitución estadounidense.

Ambos partidos amenazan así la 10ª Enmienda y, con sus acciones, amenazan también al propio Estado de la Unión, ya que una orden ejecutiva es una amenaza por parte de ambos partidos de disolver la forma republicana de gobierno garantizada por los Forjadores a los estados individuales y codificada en la 10 Enmienda de la Constitución de los Estados Unidos.

Constitución de los Estados Unidos - Enmienda 10 Poderes del Estado y del Pueblo

Los poderes no delegados a los Estados Unidos por la Constitución, ni prohibidos por ella a los Estados, están reservados a los Estados respectivamente, o al pueblo.

Una "orden ejecutiva" (igual que los decretos de Lenin y Stalin) destruye esta garantía al destruir la enmienda 10 de hecho y de derecho, haciéndola nula.

En virtud de este ataque directo a los derechos de los estados garantizados a éstos por los Padres Fundadores, los estados tienen todo el derecho a separarse en las condiciones perpetradas por el Congreso; de hecho, es su deber separarse de la Unión. Roosevelt, el dictador socialista y democrático, fue capaz de subvertir el Tribunal Supremo y llevar a Estados Unidos al nivel de la Rusia bolchevique. Los republicanos lo permitieron, de nuevo, con algunas excepciones notables.

Senador Schell, Registro del Congreso, Senado :

> *Desde Wilson ha habido una lucha constante para devolvernos al nivel de Europa. El mismo personal que en la época de Wilson, el mismo equipo de demolición que nos metió en la guerra y nos arruinó, está ahora al mando (en el gabinete de Roosevelt).*

> *La primera experiencia "noble" del presidente cuando tomó posesión de su cargo fue buscar la manera de encontrar algo que no se le permitiera hacer, buscar una manera secreta de hacer pasar algo. La oportunidad llegó cuando Florence Kelly le regaló el libro de los socialistas fabianos "Un nuevo trato".*

¿No te suena todo esto muy familiar? ¿Cuál es la diferencia entre la imaginaria "guerra contra la pobreza" de Roosevelt, creada por su fiscal general, y la falsa "guerra contra el terror" impuesta al pueblo estadounidense por el rey George Bush, el príncipe Richard Cheney y el ex gran duque Donald Rumsfeld? En resumen, no hay ninguna diferencia. En 1933 se perpetró un fraude al pueblo estadounidense y en 2001 se perpetró un fraude al pueblo estadounidense por segunda vez.

Rupert Murdoch Dr. Howard Perlmutter Congresista McFadden

Banco de la Reserva Federal de Boston

Senador Henry Jackson

Slobodan Milosevic

Madeleine Albright Wesley K. Clark

Victor Yushchenko Eduard Shevardnadze

Michael Kozak
William Walker

Carla Del Ponte Yevgeny Primakov

John Jacob Astor Nelson Wilmarth Aldrich August Belmont

Giulio Andreotti Walter H. Annenberg Richard Holbrooke

Curzio Malaparte

Capítulo 11

Disolución del pacto

D urante los primeros siete años del siglo 21, Estados Unidos se ha pregonado como un país de democracia, libertad civil y justicia para todos. ¿Pero lo es? En primer lugar, nuestros Padres Fundadores dijeron que no querían lidiar con una democracia y por eso establecieron los Estados Unidos como una República.

Uno de los principales críticos entre los delegados de la Convención, el gobernador Randolph de Virginia, expresó su preocupación por la democracia:

> *Nuestro principal peligro proviene de los partidos democráticos de nuestras constituciones... Ninguna de las constituciones proporcionó suficientes controles a la democracia... Los males que conocemos provienen del exceso de democracia... el pueblo no carecía de virtudes, sino que era el engaño de los llamados patriotas.*

Si se observa con detenimiento el sistema de espionaje masivo Echelon, utilizado por una organización anticonstitucional, la Agencia de Seguridad Nacional (NSA), para espiar a los ciudadanos estadounidenses de una forma que supera con creces todo lo que hicieron Lenin y Stalin, uno se da cuenta rápidamente de que Estados Unidos ha creado, de hecho, una verdadera dictadura incipiente. Y lo más horroroso es que tanto los demócratas como los republicanos han seguido su ejemplo sin un murmullo de protesta. ¿Juega la ideología un papel en la emergente dictadura estadounidense? Categóricamente no. La desaparición de la República Americana tiene mucho que ver con la evolución de la historia. Lincoln fue el primer dictador americano. Suena duro, pero hay pruebas sólidas que lo apoyan.

Lincoln justificó su dictadura en nombre de la preservación de la Unión. Sus métodos extralegales y extraconstitucionales (como la suspensión del habeas corpus y la imposición de la ley marcial) fueron tolerados para reprimir la oposición del Norte a la guerra de Lincoln contra la secesión del Sur, un acto de secesión que era legal y constitucional.

Los estados del Sur tenían todo el derecho e incluso el deber de separarse de la Unión, ya que Lincoln había violado la 10 Enmienda que les garantizaba una forma de gobierno republicana en la época de la Unión. Y Lincoln mintió al llamar al intento de secesión una rebelión. Esto le permitió llamar a la milicia y "suspender" el habeas corpus. ¿No vemos un eco de esto en las mentiras contadas sobre las inexistentes "armas de destrucción masiva" de Irak y en la masa de leyes arbitrarias apiladas unas sobre otras, todas las cuales han despojado cualquier vestigio de protección que alguna vez ofreció la Constitución de los Estados Unidos? Si seguimos siendo incapaces de ver esto, que Dios ayude al pueblo estadounidense.

El primer gran ataque a la Constitución estadounidense después de Lincoln vino de la mano del magistrado Wilson, que se arrogó diez poderes que no tenía derecho a asumir. De nuevo, los republicanos le dejaron hacer esto e incluso apoyaron su declaración de guerra contra Alemania cuando más del 87% del pueblo estadounidense estaba en contra.

El ataque a la separación de poderes, que es la piedra angular de nuestro sistema político, llegó con la respuesta de la administración Roosevelt a la crisis de la Gran Depresión. El "New Deal" (extraído de un libro socialista fabiano del mismo título y que aparece en mi libro, One *World Order Socialist Dictatorship*)[6] tuvo como resultado que el Congreso delegara sus poderes legislativos al poder ejecutivo, en completa abrogación de la Constitución. Hoy en día, cuando el Congreso aprueba una

---

[6] *La dictadura del orden mundial socialista*, John Coleman, Omnia Veritas Ltd, www.omnia-veritas.com.

ley, es poco más que una autorización para que una agencia del poder ejecutivo haga la ley redactando los reglamentos que luego se aplican mediante falsas proclamaciones, llamadas "órdenes ejecutivas".

Todas las leyes deben ser explícitas, estar bien redactadas y estar claramente definidas. Hasta el *New Deal, la* legislación se redactó estrictamente para evitar que los jueces insertaran sus predilecciones entre las líneas de la Constitución, lo que se plasmó en la 9 Enmienda a la Constitución de los Estados Unidos, que es una restricción para que los presidentes y/o jueces expresen sus propias ideas como si estuvieran en la Constitución. En otras palabras, no se toleró con razón ningún "entendimiento" del ejecutivo que condujera a una alteración, y no se encuentran en la Constitución tales "declaraciones de firma" ilegales.

El poder ejecutivo está para hacer cumplir la ley, no para interpretarla. La Agencia de Seguridad Nacional (NSA) es un peligroso ejemplo de lo que ocurre cuando se desprecia la enmienda 10 .

Esta no es la forma en la que se supone que se dirige una República. Al "permitir" que las órdenes ejecutivas se conviertan en leyes, la ley deja de ser responsable ante el pueblo. Si el magistrado que hace cumplir la ley también escribe la ley, entonces nos burlamos de que "todos los poderes legislativos recaigan en los representantes elegidos en el Congreso".

El pueblo, el soberano, queda entonces privado de sus derechos, se viola su Constitución y la separación de poderes. ¿No es esta una razón para que los estados que son violados por las llamadas "órdenes ejecutivas" se separen de la Unión? No hay duda de que es así.

Sostengo que esta es una causa principal para la secesión de la Unión. El principio de que el poder delegado al Congreso por el pueblo no puede ser delegado por el Congreso al poder ejecutivo es el ancla de la República Americana y su Constitución.

Hasta que el presidente Lincoln anuló este principio, el poder ejecutivo no tenía absolutamente ningún papel en la interpretación de la ley y en la creación de sus propias agencias para hacer cumplir esa interpretación. Esto es exactamente en lo que se basó el Imperio Romano y por lo que se derrumbó. Estados Unidos seguirá el mismo camino si no se detiene rápidamente esta gangrena.

El juez John Marshall Harlan escribió:

> *Que el Congreso no puede delegar el poder legislativo en el Presidente es un principio universalmente reconocido como vital para la integridad y el mantenimiento del sistema de gobierno constitucionalmente ordenado.*

Siete décadas de una presidencia imperial que fue ordenada para ser nada más que una mera magistratura, comenzando con el presidente socialista Wilson que violó la separación de poderes, destruyeron esa integridad, hasta que hoy el Partido Republicano de la Guerra y sus abogados continúan escribiendo "opiniones" para un presidente imperial, decidido a concentrar más poder en el poder ejecutivo, sin importar cuán flagrantemente inconstitucional sea. Ellos son los que le dijeron al magistrado que se refiriera constantemente a sí mismo como "comandante en jefe", que se creara poderes inexistentes, - y el Congreso dejó que la gangrena se extendiera sin ningún intento de controlarla. La NSA es el resultado de una presidencia imperial, como lo fue la transformación del Imperio Romano bajo el mandato de César. El decidido impulso para ampliar los poderes del presidente es anterior a la administración Bush, y se está alimentando hasta un grado peligroso durante el segundo mandato del presidente G.W. Bush en 2007.

La confirmación del candidato de Bush, Samuel Alito, miembro de la Sociedad Federalista, para el Tribunal Supremo, y un partidario confirmado de la fusión de poderes a favor del juez a expensas del Congreso, proporcionará cinco votos a favor de una toma de posesión presidencial peligrosamente ampliada que conducirá al establecimiento de una dictadura en toda regla en EEUU.

El presidente Bush ha utilizado cientos de veces las "declaraciones de firma" para cambiar el significado de las leyes aprobadas por el Congreso. El origen de este poder está claro. Surgió de la perversión de la Constitución que comenzó con Lincoln, se amplió con Wilson y se pervirtió aún más con Roosevelt.

Por ejemplo, Bush ha afirmado que tiene el poder de ignorar la enmienda McCain contra la tortura, de ignorar la ley que exige una orden para espiar a los estadounidenses, de ignorar la prohibición de la detención indefinida sin cargos ni juicio, y de ignorar las Convenciones de Ginebra de las que Estados Unidos es signatario. También afirma que puede declarar la guerra y el espionaje doméstico como parte de esa guerra. Bush reclama los poderes que le fueron arrebatados por Wilson.

Sus apologistas de la Sociedad Federalista y los designados del Departamento de Justicia afirman que el presidente Bush tiene el mismo poder para interpretar la Constitución que el Tribunal Supremo. ¿De dónde sacan esta afirmación? Desde luego, no de la Constitución de Estados Unidos, que establece claramente que el poder ejecutivo no es más que un mero magistrado encargado de hacer cumplir las leyes aprobadas por el poder legislativo. El General Lee dijo una vez que el Presidente no es más que un magistrado que debe cumplir las órdenes del Congreso. Aquí no hay igualdad entre el Presidente y el Congreso.

Un Tribunal Supremo en el que se sienta Alito es probable que dé su visto bueno a tales afirmaciones infundadas y falsas. No hay mayor peligro para la República de Estados Unidos que este asunto, ni siquiera el lío que creamos en Irak. Este es el tema más crucial para el pueblo, quizás al mismo nivel de crisis que la Guerra Civil. Pero la gente está en estado de shock, gracias al Instituto Tavistock y a los chacales de los medios de comunicación, que han relegado el papel del Alto a un segundo plano mediante el subterfugio de las batallas políticas sobre el aborto y los derechos de los homosexuales.

Muchas personas apoyan a Bush -y esto es especialmente cierto en el caso de la derecha cristiana- porque creen que están luchando contra la legitimación de la sodomía y el asesinato en el vientre materno, y que al apoyar al presidente Bush, que creen que se opone al mundo musulmán y a los "liberales", están "haciendo lo correcto". Están tristemente equivocados cuando despiertan al Nuevo Orden Mundial - un gobierno mundial.

La mayoría del pueblo estadounidense no es consciente de que el verdadero problema no es la llamada "guerra contra el terror" (que es tan fraudulenta como la "guerra contra la pobreza" de Roosevelt), sino la guerra contra hombres malvados que pretenden destruir la Constitución porque se interpone en sus planes para el establecimiento de un nuevo orden mundial.

La mayoría del pueblo estadounidense ignora por completo que estos hombres están a punto de elevar el poder ejecutivo por encima del legislativo y de los tribunales. Su presidente estaría por encima de la ley. John Yoo, funcionario del Departamento de Justicia de Bush y profesor de derecho de Berkeley, sostiene que ninguna ley puede restringir al presidente en su función de comandante en jefe. Así, una vez en guerra (que no es el caso) - y declaran que el miasma de Irak es una "guerra abierta contra el terrorismo" (aunque la guerra abierta está constitucionalmente prohibida ya que ninguna guerra puede ser financiada por más de dos años), argumentan que Bush no puede estar sujeto a ningún control como "comandante en jefe". Yo digo que John Yoo está en la cabeza y no conoce la Constitución. El Departamento de Justicia de Bush dice que el presidente es libre de tomar cualquier medida en la persecución de la guerra, incluyendo la tortura, el espionaje indefinido y la detención de ciudadanos estadounidenses sin que la restricción judicial "interfiera" en sus decisiones.

El Comandante en Jefe es un papel "lo suficientemente amplio como para extenderse a cualquier crisis", ya sea real o artificial. El hecho de que el Departamento de Justicia y sus abogados federalistas se equivoquen al 100% y de que el Presidente no es ni puede ser Comandante en Jefe en tiempos de paz (el estado actual del país) y que, por tanto, no se le puede conferir el título y que, aunque se le confiriera tras una declaración de guerra, el Presidente sigue sin tener poderes bélicos, les importa poco. Hay pocas dudas, por tanto, de que Estados Unidos ha llegado al borde de una incipiente dictadura. Es poco probable que la crisis constitucional que se está desarrollando -quizás el comienzo de la segunda revolución americana- haya alcanzado el nivel de conciencia del pueblo estadounidense, que hasta ahora no ha reconocido que la Constitución está siendo pisoteada como nunca antes en su historia y que está a punto de ser relegada al rango de la difunta Carta Magna.

El descenso gradual de Estados Unidos hacia la dictadura es el resultado de una evolución histórica que comenzó con Lincoln y se ha ampliado con una serie de presidentes que han desencadenado amargos conflictos, incluso viejas batallas políticas que se remontan a la Guerra Civil. La llamada "crisis constitucional" que estalló cuando el presidente Nixon fue destituido por un Congreso demócrata es sólo una sombra de la actual crisis constitucional. La principal diferencia es que los chacales de los medios de comunicación, cuyos aullidos nocturnos en el cielo de Washington D.C. jugaron un papel tan crucial en el Watergate, están ahora inquietantemente silenciosos mientras ven cómo la Constitución pasa por una picadora de carne.

Al llegar al final del último trimestre de 2007, ya no hay partidos constitucionales. Ambos partidos políticos, la mayoría de los abogados constitucionalistas y los colegios de abogados han abandonado la Constitución y la han hecho inoperante de buena gana siempre que interfiere con sus agendas inconstitucionales. Los estadounidenses han olvidado a los Padres Fundadores y a la generación que les siguió; han olvidado la sangre y el sacrificio de nuestros nobles antepasados en su gran lucha por la libertad y la justicia para todos. El pueblo estadounidense está a punto de perder su sistema constitucional y sus libertades civiles, de forma permanente. El Nuevo Orden Mundial será una realidad a menos que la Constitución sea restaurada a su legítimo lugar, y eso significa deshacerse del espionaje doméstico por cualquier medio, prohibiendo todas las actividades domésticas de la CIA, la NSA y la FISA. También significa deshacerse de la Ley de Seguridad Nacional, la Ley Patriótica, la Ley de Permisos de Conducir, reduciendo drásticamente el poder ejecutivo y devolviéndole la función que le corresponde, la de magistrado encargado de defender las leyes de la Unión. Las enmiendas 2, 4, 5 y 10 deben ser elevadas a su papel preeminente y el país debe volver a ser una nación de leyes, no de hombres todopoderosos.

A menos que esto ocurra, los Estados Unidos tal y como los concibieron nuestros Padres Fundadores y la generación que les siguió están condenados a la destrucción. Si queremos evitar que nos ocurra un desastre semejante, nosotros, el pueblo, los dueños soberanos de la Constitución de Estados Unidos, debemos enviar delegaciones a la Cámara y al Senado de cada una de las 50 naciones soberanas e independientes que conforman Estados Unidos y debemos exigir que nuestros representantes devuelvan a Estados Unidos a un gobierno constitucional.

Si no lo hacen, hay que obligarlos a dejar el cargo utilizando los recursos previstos en la Constitución del pueblo soberano. Debemos hacer que los delegados exijan que las palabras del representante Denison contenidas en el Congressional Globe del 31 de enero de 1866, páginas 546-549, se pongan en práctica inmediatamente, sin ninguna demora:

> *Así, cuando crearon esta organización gubernamental que llamaron Estados Unidos, los Estados tenían el derecho, según la Constitución, de delegar ciertos poderes y el derecho de hacer ciertas cosas, de poner los poderes delegados bajo el control de las mayorías federales, y de reservar ciertos poderes para el control del pueblo de cada Estado, cuyo ejercicio y control no estaban sujetos a ningún otro poder.*

> *Si los Estados se han reservado estos poderes de forma absoluta e incondicional, entonces no pueden ser arrebatados por dos tercios de esta Cámara y tres cuartos de los Estados, de la misma forma que una mayoría de los accionistas de un banco en el que yo pueda tener acciones puede tomar mi caballo o mi granja para el uso de la corporación, porque los Estados nunca han puesto estos poderes reservados en el conjunto de poderes controlados por las mayorías federales.*

En cuanto a estas competencias reservadas, las condiciones eran las mismas después de la adopción de la Constitución que antes. El pueblo de cada Estado constituía la soberanía antes de la adopción de ese instrumento. Fueron igualmente soberanos sobre los derechos reservados después de su adopción, y no pueden ser retirados, excepto por la voluntad de cada Estado, a menos que haya algo en la Constitución que lo autorice; porque un Estado, como un individuo, no puede ser obligado más allá de lo que consiente en obligarse a sí mismo.

¿Renunciaron los estados a estos derechos al aceptar la modificación de la Constitución? Si es así, entonces estos poderes no se han reservado de forma absoluta, sino que sólo se han conservado hasta que las mayorías federales representadas por dos tercios de la Cámara y tres cuartas partes de los Estados decidan transferirlos contra la voluntad del pueblo del Estado, o hasta que una cuarta parte del Estado, o tres cuartas partes de los Estados de los Estados decidan transferirlos contra la voluntad del pueblo del Estado. O podría ser una cuarta parte de los estados, de sus respectivos estados, al gobierno federal. Eso debería ser resuelto por la Constitución y creo que es...

La característica más importante de la 10 Enmienda es que establece los límites del gobierno federal, que es un gobierno de poderes delegados, no de poderes originales. Hace imposible que el gobierno tome cualquier poder por inferencia.

La facultad que se va a tomar o ejercer debe estar claramente expresada en la Constitución, de lo contrario no puede tomarse o ejercerse. El artículo 5 establece el derecho a modificar, pero no a hacer algo nuevo. No sería una enmienda para abolir la Constitución y adoptar el Manifiesto Comunista de 1818, o las leyes republicanas de Francia.

Una enmienda debe ser algo relacionado con el instrumento, debe ser algo que ya está en la Constitución, de lo contrario no pasa la prueba de una enmienda. Pero la redacción de una nueva Constitución sólo sería vinculante para los Estados que acepten estar vinculados por ella, y sólo podría formar parte de la Constitución si todos los Estados la adoptaran.

(De *What You Should Know About The U.S. Constitution*, Revised and Updated 2007 Edition).

Le invitamos a leer y releer este mensaje esencial hasta que conozca cada palabra, cada línea, porque este mensaje contiene una clara advertencia de que la administración Bush ha intentado y sigue intentando redactar una nueva Constitución sin consultar a los estados mediante un referéndum nacional; esta nueva Constitución debe ser aprobada por los 50 estados.

Los que no están de acuerdo con una nueva Constitución no están obligados a cumplirla y tienen el deber de separarse de la antigua y disuelta Unión. De hecho, es su deber como estados soberanos tomar las medidas necesarias para separarse una vez que el gobierno federal rompa el pacto original, algo que la administración Bush, con la connivencia del Congreso, ya ha hecho. Presentamos las siguientes acciones como prueba de que el gobierno de Bush ya ha roto el pacto establecido como la ley más alta de la tierra y, por lo tanto, es culpable de un comportamiento sin ley.

Esto se evidencia en el ejercicio de un poder arbitrario prohibido por la Constitución de los Estados Unidos con la adopción de las siguientes leyes inconstitucionales:

➢ La invasión y el ataque militar a Irak sin una declaración de guerra.

➢ El Congreso pretende "dar" o "conceder" al Presidente "permiso" o "autoridad" para atacar a Irak sin motivo y sin que haya ninguna disposición en la Constitución de EE.UU. que sancione dicho ataque, lo que en sí mismo constituye una clara violación del artículo 4 de la Constitución de EE.UU.

➢ Dado que no existe tal poder para "dar" o "conceder" al Presidente un poder bélico expresamente prohibido al poder ejecutivo por la Constitución de EE.UU., el Congreso ha actuado en flagrante violación de la más alta ley del país y, por tanto, debe ser destituido inmediatamente.

➢ El Congreso y el Presidente se han confabulado y han violado la separación de poderes, y el Presidente se ha arrogado poderes a los que no tiene derecho, pero que le están expresamente prohibidos.

➢ Al asumir el título de Comandante en Jefe cuando el Congreso no le ha dado este título temporal y al asumir poderes que violan totalmente la 10 Enmienda de la Constitución de los Estados Unidos.

➢ Enviando a la milicia a luchar en una guerra extranjera.

➢ Al aprobar la Ley Patriota y la Ley de Seguridad Nacional, ambas inconstitucionales, que violan groseramente la enmienda 10 y anulan la enmienda 10 .

➢ Al "hacer una nueva Constitución" aprobando leyes inconstitucionales sin someter estas medidas al asentimiento de los estados en la forma prevista por la Constitución de los Estados Unidos.

➢ Espiando al pueblo estadounidense en violación de la Cuarta Enmienda.

Estos son sólo algunos de los muchos actos de disolución de la Constitución estadounidense llevados a cabo por la administración Bush con la connivencia y el consentimiento de ambos partidos políticos. Por lo tanto, sostengo que los estados que lo deseen tienen derecho a separarse de la Unión, a menos que estas acciones ilegales sean revertidas inmediatamente por el Congreso.

En ausencia de dicha acción de anulación por parte del Congreso, el pueblo debe convocar a sus propios fiscales generales y grandes jurados. Estos grandes jurados de cada estado deben presentar acusaciones contra el poder ejecutivo y el Congreso por cada violación de la Constitución de los Estados Unidos.

La población de los estados debe entonces enviar a sus representantes a Washington para informar al gobierno federal de sus acciones y exigir que se tomen medidas correctivas de inmediato. Si no se adoptan inmediatamente esas medidas correctoras, el pueblo soberano de los Estados soberanos debe revocar a sus representantes en la Cámara y el Senado, dejando a estos últimos sin efecto. Esperamos que haya entre nosotros hombres del calibre de Patrick Henry, St George Tucker, Thomas Jefferson y Henry Clay, hombres que tengan los medios y el valor de actuar para evitar que los Estados Unidos se conviertan en una virtual dictadura.

Tanto la invasión de Irak en 1991 como la segunda invasión de Irak estuvieron fuera de los límites de la Constitución de los Estados Unidos y, por lo tanto, no pueden ser reconocidas como legales. Sólo por esta razón, el Congreso tiene derecho a ordenar a los militares estadounidenses que regresen a Estados Unidos con todo su equipo en un plazo de 45 días a partir del anuncio de una sesión conjunta de la Cámara y el Senado. Las medidas para devolver el gobierno constitucional a Nosotros el Pueblo son coherentes con los preceptos y principios de la Constitución de EE.UU. como los recursos legales disponibles para el pueblo soberano de los estados soberanos.

La alternativa es no hacer nada con respecto a la guerra sin ley que hace estragos en Irak y ver cómo se desarrolla ante nuestros ojos la transformación de una República Confederada en una dictadura. Y esto sólo es posible con la plena colaboración de unos medios de comunicación complacientes que apoyan al gobierno hasta la saciedad, es decir, una transformación en una conspiración abierta como muestra lo siguiente.

La prensa: un motor de cumplimiento

La cuestión del control de la prensa (impresa y electrónica) ha superado la fase de conspiración y está ahora sobre la mesa. Algunos estadounidenses siguen engañados creyendo que el Public Broadcasting System (PBS) es independiente y la única fuente de verdad y luz que queda. Desgraciadamente, este no es el caso.

Esto es según un informe reciente que Kenneth Y. Tomlinson, presidente de la Corporation for Public Broadcasting (CPB), por iniciativa propia y sin la aprobación de su consejo de administración, nombró a dos defensores del pueblo para que revisaran el contenido de la National Public Radio (NPR) y del Public Broadcasting Service (PBS) con el fin de corregir lo que considera una flagrante parcialidad liberal.

Los defensores del pueblo Ken Bode (miembro del llamado conservador Instituto Hudson y, de 1998 a 2002, decano de la Escuela de Periodismo Medill de la Universidad Northwestern) y William Schulz (jubilado de *Readers Digest*, donde Tomlinson pasó la mayor parte de su tiempo de trabajo) se dedican supuestamente a la búsqueda de la objetividad, pero la verdad es que no reconocerían la objetividad si se les presentara en la cara.

Al confiado público estadounidense, desesperado por la "verdad" en la televisión pública, se le ha dicho durante mucho tiempo que "este programa ha sido posible, en parte, gracias a la financiación de espectadores/oyentes como usted", mientras que al mismo tiempo se le acosa con los inevitables llamamientos a la mendicidad de las radios y emisoras individuales para "hacerse socio" haciendo donaciones. Normalmente se dedica una buena media hora de cada emisión a estos llamamientos, y a veces más.

¿Es realmente necesaria esta táctica? ¿Por qué debería la PBS mendigar donaciones cuando el hecho es que estas membresías representan sólo el 26% del presupuesto total gastado por la CPB? Las empresas y las fundaciones benéficas representan un total combinado del 22,8%, y el gobierno federal ocupa el tercer lugar con sólo el 15,3%. ¿Qué hay de malo en esta foto?

En primer lugar, los donantes individuales no tienen voz organizada para determinar o controlar el contenido de la programación. Las quejas de parcialidad de las fundaciones de derechas y de la industria de las telecomunicaciones han ahogado al gobierno federal, que selecciona el consejo de administración, un consejo que, naturalmente, refleja los deseos de los mayores donantes y tiene más peso. El actual consejo de administración de la CPB está formado por cinco republicanos, dos demócratas y un "independiente".

Como ya se ha mencionado, el presidente Kenneth Tomlinson pasó gran parte de su carrera hasta 1996 en *Readers Digest*, que sigue siendo, después de todos estos años, uno de los favoritos de los estadounidenses que no tienen tiempo para leer el artículo completo. Los elogios del "conservador" William F. Buckley a Tomlinson en la National Review lo dicen todo:

> "Muchos lo consideran el último gran editor de la revista... La mayoría de los editores de la revista habían sido contratados por Tomlinson, y prácticamente todos ellos eran, como el propio Tomlinson, conservadores políticos. "

Se trata de personas que aparentemente estaban en sintonía con el pensamiento de Newt Gingrich, quien dijo:

> "No entiendo por qué se llama radiodifusión pública. Por lo que a mí respecta, no tiene nada de público; es una empresa elitista. Rush Limbaugh es un servicio público. "

(Esto no tiene en cuenta el hecho de que Limbaugh fue reclutado y se le otorgó un estatus por parte de los republicanos ricos que quieren que se promuevan sus puntos de vista).

La visión de Tomlinson sobre el papel de los medios de comunicación proviene de su carrera en la Voz de América (VOA), creada con fines propagandísticos en 1942 durante la Segunda Guerra Mundial, y reorganizada en 1953 como rama de la Agencia de Información de Estados Unidos, más discreta.

En 1998, una remodelación transfirió la VOA al Broadcasting Board of Governors (BBG). Kenneth Tomlinson es ahora presidente tanto del BBG como del CPB y no hay duda de que está sometiendo al público estadounidense al mismo estilo de propaganda que se prepara para el "enemigo". Aunque no tengo forma de demostrarlo, la experiencia me lleva a creer que el Instituto Tavistock puede haber sido la luz que guía estos cambios. Tavistock tiene en su cartera un gran número de cuentas del gobierno estadounidense y de empresas privadas.

El discurso de Tomlinson ante un subcomité del Senado sobre operaciones internacionales y terrorismo a finales de abril de 2005 bien podría haber sido escrito para él por el difunto Edward

Bernays o incluso por Beatrice Webb:

"Gracias a su adhesión a las normas periodísticas occidentales, a su información objetiva y precisa, Alhurra [que significa "la libre", una nueva cadena de televisión en árabe, filial de la BBC] puede ganar la credibilidad que necesitamos para crear una audiencia y ofrecer al público de Oriente Medio una visión nueva y equilibrada de los acontecimientos mundiales. Mientras continúan las críticas de la prensa árabe, estamos en contacto con la gente -nuestro público objetivo- y nos envían cientos de correos electrónicos dándonos la bienvenida. Eres muy necesario para equilibrar la información sesgada que controlan los que están llenos de odio hacia el mundo occidental", dice uno de ellos. Este es el primer paso en la lucha contra la "cultura del odio" que alimenta el terrorismo", dijo otro. Espero que su canal [ayude] a nuestros hermanos árabes [...] a decir la verdad sobre todo lo que está ocurriendo. "

Sin embargo, es dudoso que Alhurra pueda competir con Al Jazeera. ¿Cómo se difundirá toda esta verdad "imparcial"? En marzo de 2005, la tarea de liderar la transición de la radiodifusión pública de la tecnología analógica a la digital fue encomendada a Ken Ferree, actual director general de la CPB. Tras un periodo de cuatro años a las órdenes del presidente de la FCC, Michael Powell -ambos comparten la creencia de que "los límites estrictos de la propiedad de los medios de comunicación han quedado obsoletos en la era de los 200 canales de cable e Internet"- Ferree, abogado de profesión, aplicó sus conocimientos jurídicos de Goldberg, Wiener y Wright para formular nuevas normas de propiedad y concesión de licencias de medios de comunicación. Antes de junio de 2001, Goldberg, Wiener & Wright representaba a la empresa privada de satélites PanAmSat, fundada por René Anselmo, residente en Greenwich, Connecticut.

La empresa de Anselmo fue la primera y (mayor) red internacional de satélites y colaboró estrechamente con Hughes Space and Communications Company (fundada por Howard Hughes en 1961), filial de Hughes Electronics, que construyó, lanzó y mantuvo los satélites de comunicaciones PanAmSat.

Ferree representó a PanAmSat en su demanda antimonopolio contra COMSAT, el miembro estadounidense del consorcio internacional llamado "IntelSat", que en ese momento tenía un monopolio basado en un tratado sobre las comunicaciones por satélite. El resultado directo de esta acción legal fue romper el monopolio de IntelSat y permitir que PanAmSat se convirtiera en el líder de la industria de las comunicaciones digitales.

Tras la muerte de Howard Hughes en 1976, la fundación médica que había creado para mantener la Hughes Aircraft Company como un fideicomiso libre de impuestos recibió la orden de un tribunal federal de EE.UU. de vender la empresa en 1985 debido a sus estrechos vínculos con Hughes Aircraft y sus escasas donaciones benéficas. En la guerra de ofertas, Ford y Boeing fueron superadas por General Motors para adquirir la empresa y su presidente dijo: "La electrónica, creemos, será la clave del siglo 21 ". ¿Previsión, en efecto? Lo que no se sabía entonces fuera de las agencias de compras de defensa era que Hughes fabricaba productos como microchips, láseres y satélites de comunicaciones, además de misiles aire-aire. Era el mayor proveedor de equipos electrónicos para el ejército y el séptimo contratista de defensa.

El público que es cliente de Direct TV probablemente no sepa que en 1994 Hughes lanzó sus propios satélites (con licencia para DirecTV) para "competir" con PanAmSat. Sólo dos años más tarde, Hughes se hizo con el control de su competidor al adquirir el 81% de las acciones de PanAmSat, lo que dio a Hughes (y a su empresa matriz GM) el control de toda la transmisión por satélite en Estados Unidos, salvo una pequeña cuota de mercado en manos de Echostar.

A través de este proceso, es posible controlar lo que verá un gran número de estadounidenses, lo que constituye una valiosa herramienta de formación de opinión. Rupert Murdoch, fuera de Estados Unidos, es otro magnate australiano de los satélites que fundó la red de televisión por satélite Sky en 1989 y un año después compró a su rival British Satellite Broadcasting para convertirse en British Sky Broadcasting.

En 1985, el mismo año en que General Motors compró Hughes, Murdoch compró siete cadenas de televisión independientes en Estados Unidos y Twentieth Century Fox Holdings. Esta combinación creó la primera cadena de televisión nueva desde mediados de los años 50. Murdock extendió entonces su cadena de periódicos australianos a Gran Bretaña comprando el periódico londinense *The News of the World* en 1968 y, poco después, *The Sun*.

En 1976 compró el *London Times*, con lo que todo quedó bajo el control de News Corp, creada en 1980. Murdoch, un alto representante del Comité de los 300, se había asegurado un virtual monopolio sobre lo que millones de estadounidenses y británicos verían en sus pantallas de televisión y leerían en los periódicos. Ahora era posible realizar una penetración a largo plazo y un condicionamiento interno de millones de personas, y literalmente "lavarles el cerebro".

Se había producido un golpe de estado silencioso sin que los británicos y los estadounidenses se dieran cuenta de lo que estaba ocurriendo. En 1988, News Corp. adquirió las publicaciones Triangle (incluida TV Guide) a Walter Annenberg, amigo de Richard Nixon, a quien había nombrado embajador de Estados Unidos en Gran Bretaña en 1969. En 1993, la influencia de Murdoch se abrió paso en Asia, al adquirir una participación mayoritaria en el canal asiático Star-TV.

Pero la principal preocupación de Murdoch era el mercado de satélites estadounidense. Para reducir su deuda, News Corp. vendió una participación del 18,6% en *Fox Entertainment Network* por 2.800 millones de dólares en 1998, y otros 2.900 millones en 2001 al vender *Fox Family Worldwide*, Inc. a Disney. Lleno de dinero, Murdoch estaba dispuesto a comprar *DirecTV* a Hughes.

Sin esperar a la aprobación de la FCC (quizás ya dada en secreto por los apoderados), la oferta de EchoStar para comprar *DirecTV* fue aceptada en octubre de 2001. Tras una manifestación ante el

Departamento de Justicia en julio de 2002 por parte de un "grupo de emisoras cristianas", la FCC anunció finalmente que rechazaba la fusión propuesta para evitar un monopolio que perjudicara a los consumidores.

Una resolución de la FCC emitida al mismo tiempo permitió a News Corp. de Murdoch adquirir el 34% de Hughes -permitiendo a Murdoch nombrarse a sí mismo presidente de Hughes-, pero fue anulada en apelación un año después por el Tercer Circuito de Apelaciones, que devolvió las normas a la FCC para que justificara sus cambios. No obstante, Murdoch continuó con sus programas de televisión por satélite mientras se beneficiaba de la venta de PanAmSat a la empresa de capital privado Kohlberg Kravis Roberts & Company (KKR), que luego vendió el 27% de sus acciones en satélites de comunicaciones a Providence Equity Partners y al Grupo Carlyle, quedándose con el 44%. Juntos, estos accionistas sacaron a bolsa sus acciones en marzo de 2005, triplicando el rendimiento de su inversión inicial, y conservando el 55% de las acciones con derecho a voto. El Grupo Carlyle, como la mayoría de nosotros sabemos, es una de las estrellas de las carteras del Comité de los 300.

Cuando se analizan los detalles de la propiedad, empieza a surgir un patrón. No cabe duda de que el escenario ha sido preparado, pasando de la conspiración a la conspiración abierta prevista por H.G. Wells.

Mientras tanto, KKR y el Grupo Carlyle (ambos con estrechos vínculos con la familia Bush), todos ellos altos funcionarios del Comité de los 300, han tomado el control de nuestra televisión. Las acciones del Comité de los 300 son claras. En mi opinión, el presidente Ronald Reagan dio a Murdoch un trato preferente al permitirle entrar en el mercado estadounidense, estrictamente controlado por la FFC. El sitio web del Museum of Broadcast Communications tiene un artículo muy interesante, o al menos lo era la última vez que lo miré:

> "Su cadena de televisión FOX pudo evitar el cumplimiento de las normas sobre intereses financieros y sindicación (FinSyn) de la FCC, primero emitiendo menos horas de

programación de las necesarias para definir a FOX como "red", y luego recibiendo una exención temporal de dichas normas por parte de la FCC, acción a la que se opusieron enérgicamente las otras tres cadenas de televisión.

Además, Murdoch fue el principal objetivo de un esfuerzo realizado en 1988 por el senador Edward Kennedy (que no es amigo del Comité de los 300 desde el asesinato de su hermano, el difunto presidente John F. Kennedy, y que en ese momento era un objetivo frecuente del periódico Boston Herald de Murdoch) para revocar otra exención de la FCC, una exención de las restricciones de propiedad cruzada que habría impedido a Murdoch poseer tanto periódicos como estaciones de televisión en Nueva York y Boston. El resultado final de los persistentes esfuerzos de Kennedy fue que Murdoch acabó vendiendo el *New York Post* (más tarde recibió una nueva exención que le permitió comprar el maltrecho periódico en 1993) y colocó la televisión WFXT de Boston en un fideicomiso independiente. "

Tras vender *The Daily Racing Form*, la familia Annenberg se hizo rica y "respetable" dentro de *Hearst Newspapers*. El hijo de Moe Annenberg, Walter, que, como director de circulación de los periódicos de Hearst, había buscado el "consejo" de Charles "Lucky" Luciano y Meyer Lansky para que le ayudaran a "supervisar" la circulación del *New York Daily Mirror*. Es dudoso que Walter haya preguntado alguna vez por los métodos utilizados por los dos hombres.

En 1926, Annenberg dejó Hearst para trabajar a tiempo completo en su *Racing* Form, que había promovido mientras trabajaba para los periódicos de Hearst. En 1927, adquirió una participación mayoritaria en el Mount Tennes General News Bureau, conocido como el servicio de cableado de las carreras, de un hombre que estaba siendo intimidado por Al Capone. En 1929, Annenberg llegó a un acuerdo con la mafia de Chicago que le puso en contacto con Meyer Lansky, Frank Costello y Johnny Torrio. Annenberg creó entonces una nueva empresa, la Universal Publishing Company, que publicaba "hojas murales" y "tarjetas duras". Las hojas murales recogían las carreras, los caballos, los jockeys, las cuotas matinales y otros datos que los apostantes utilizaban para decidir cómo invertir su dinero.

Unos años más tarde, Annenberg creó el Nationwide News Service en Chicago el 27 de agosto de 1934 y levantó la ira de la mafia de Capone. Como resultado, Annenberg huyó para buscar la protección de Meyer Lansky, que vivía en Florida en ese momento. Lansky consiguió que Annenberg trasladara su servicio de noticias al sur de Florida y obtuviera una parte de la acción a cambio de la protección de Annenberg.

Durante un tiempo, el servicio también operó desde Paradise Island, en las Bahamas, donde Lansky dirigía una empresa de fachada llamada Mary Carter Paint Company. En 1936, Lansky se reconcilió con la Mafia y permitió que Annenberg hiciera un trato con el sindicato de Capone. Según fuentes fiables, Annenberg pagaba un millón de dólares al año por la protección y era libre de dedicarse a otros intereses sin ser acosado por sicarios.

Con el problema de la agencia de noticias resuelto, Annenberg compró un periódico que le parecía que tenía "prestigio y clase" (algo de lo que Lansky siempre hablaba, pero de lo que carecían sus otras empresas): el *Philadelphia Inquirer*. Annenberg había aprendido mucho desde 1934 y logró aumentar la circulación general del *Inquirer*. Se encargó de convertirlo en una herramienta y un modelo de éxito para la política del Partido Republicano y en un vehículo para promover el Nuevo Orden Mundial, aunque de forma muy sutil.

Los contactos de su hijo Walter con los republicanos le llevaron a ser nombrado embajador en Gran Bretaña por el presidente Richard Nixon. Cuando Walter Annenberg murió en 1994, su obituario naturalmente no mencionó estos detalles triviales, ya que había donado un pequeño porcentaje de sus ganancias por vicio a la caridad.

Que nadie dude de que estamos controlados por los medios de comunicación, al igual que los propios medios están controlados. Esto es un hecho de conspiración, no una especulación, y la situación está ahora bastante abierta. No cabe duda de que este sistema sería muy difícil de mantener si no fuera por la financiación secreta de los diversos proyectos patrocinados y promovidos por Estados Unidos, que estoy exponiendo más allá de la conspiración.

Capítulo 12

Se revela el programa secreto de gastos extrapresupuestarios de EE.UU.

L
a Ley de la Reserva Federal es lo que hizo que los actos anteriores fueran tan importantes, es el control que le da al Comité de los 300 sobre el pueblo estadounidense. También hizo posible las guerras ilegales en Irak, basadas en el hecho de que el gobierno de EE.UU. ha llevado a cabo un programa de gastos secretos y "fuera del presupuesto" durante décadas, desafiando la más alta ley del país, la Constitución de EE.UU. Los fundamentos institucionales y políticos de este sistema de financiación secreta se remontan al comercio de opio con China y posteriormente con Turquía durante los ^{siglos} 18 y 19 .

Su vehículo era la Compañía Británica de las Indias Orientales (BEIC), una empresa privada con carta real. A finales del siglo XIX y en el siglo XX y la consolidación de la industria y la banca estadounidenses estaba firmemente bajo el control de las corporaciones que se habían apoderado de la economía, especialmente del complejo militar-industrial. Los grandes líderes fascistas de la industria y las finanzas estadounidenses de finales del siglo XIX eran excelentes practicantes de las operaciones encubiertas, gracias a su experiencia en el comercio del opio con China. Las instituciones que establecieron en los siglos XIX y XX y han permanecido inalteradas y son las mismas por las que sus descendientes mantienen el control hasta hoy.

He aquí un resumen de la estructura de la economía política estadounidense, que se ajusta a los hechos mejor que el modelo oficial. Oficialmente, el capitalismo estadounidense se caracteriza por la democracia, las oportunidades, la superación personal, los mercados abiertos y libres, y la regulación constructiva para el bien público, en definitiva, la felicidad, o la búsqueda de la felicidad, tal y como se recoge en la Constitución estadounidense. En este modelo, los líderes velan por los intereses de la nación y los políticos por sus electores. Por desgracia, la verdad es muy distinta. Parte de la razón por la que Estados Unidos es tan incomprendido se debe a un sistema educativo y unos medios de comunicación controlados. A medida que el sistema fue evolucionando a lo largo de las décadas, el tiempo le dio legitimidad en todo el espectro político. Una vez conseguido el control monopolístico, el proletariado se levanta y comienza su dictadura. Nos alejamos de ese determinismo; nada ocurre sino como consecuencia de lo que los hombres hacen y deciden hacer.

En el momento del ataque al World Trade Center y al Pentágono en septiembre de 2001, según la Oficina de Contabilidad del Gobierno (GAO), el Pentágono había incurrido en 3,4 billones de dólares en "transacciones no documentadas", es decir, había 3,4 billones de dólares en transacciones financieras para las que no había un propósito discernible. La víspera del atentado, el Secretario de Defensa, Donald Rumsfeld, advirtió que la falta de control de su presupuesto era un peligro mayor para la seguridad nacional de Estados Unidos que el terrorismo. Después de los atentados, el gobierno dejó de divulgar públicamente información sobre las "transacciones indocumentadas".

El problema no se limita al Pentágono, sino que afecta a todos los organismos y departamentos gubernamentales, desde el Departamento de Educación hasta el de Defensa y la Oficina de Asuntos Indígenas. Desde hace unos años, la GAO elabora una serie de libros paralelos para el gobierno federal llamados "Informe Financiero de los Estados Unidos". Este informe trata de imponer los "principios contables generalmente aceptados" en el proceso de información financiera de la Administración para ofrecer una imagen más clara de los activos y pasivos reales de la Administración y permitir así una mejor planificación. Ni el Pentágono ni el Departamento de Vivienda y Desarrollo Urbano (HUD), por nombrar sólo dos, han podido pasar nunca una auditoría de la GAO sobre esta base.

Es importante señalar que el gobierno no utiliza la contabilidad por partida doble para preparar sus cuentas, una práctica contable estándar desde el siglo XVII que permite clasificar y seguir las fuentes y usos de los fondos para crear una imagen precisa de una empresa comercial (o pública). Dirigir una maquinaria militar del siglo 21 utilizando métodos contables anticuados es una situación anómala que tiene interesantes implicaciones, no siendo la menor de ellas que las agencias gubernamentales no pueden, o no quieren, explicar lo que están haciendo con el dinero asignado a sus operaciones por el Congreso. Una situación similar se da en el Departamento de Vivienda y Desarrollo Urbano (HUD). Su objetivo principal, al menos en la ley, es garantizar que los estadounidenses de bajos ingresos tengan acceso a una vivienda asequible, que el HUD proporciona, así como a créditos y seguros de crédito en todo el país. Sin embargo, el HUD nunca ha recopilado información sobre sus actividades para que él o cualquier otra persona pueda ver, por ubicación, si sus actividades en ese lugar están ganando dinero, perdiendo dinero o simplemente son irrelevantes.

Probablemente pocos estadounidenses sepan que Lockheed Martin, fabricante del caza de superioridad aérea F22, es también un importante contratista externo que proporciona sistemas de control financiero y contabilidad al Pentágono. Por su parte, el Pentágono es el mayor cliente de Lockheed Martin. Este ejemplo no es ni mucho menos el único. Lockheed también es propietaria de una filial empleada por el HUD para gestionar las viviendas de las ciudades estadounidenses, una diversificación inusual para una empresa cuyo negocio mayoritario son las agencias militares y de inteligencia.

Del mismo modo, Dyncorp (recientemente adquirida por Computer Sciences Corporation) es otro contratista que, al igual que Lockheed, obtiene casi todos sus ingresos de contratos gubernamentales de seguridad y militares. También es un contratista que proporciona tecnología de la información a varios organismos gubernamentales, como el Pentágono, el Departamento de Vivienda y Desarrollo Urbano, la Comisión de Valores y Bolsa (SEC) y el Departamento de Justicia. En el

Departamento de Justicia, gestiona el software de gestión de casos que utilizan los abogados del departamento para gestionar las investigaciones.

Este es un excelente ejemplo de una conspiración abierta, o por decirlo de otra manera, una situación que va mucho más allá de una conspiración. Un ejemplo de superposición de intereses es el de Herbert "Pug" Winokur. No sólo formaba parte del consejo de Dyncorp, sino que también era el director de Enron encargado del comité de gestión de riesgos de esa empresa, y miembro durante mucho tiempo del consejo de la Harvard Management Corporation, que invierte en proyectos del HUD. AMS Inc, una empresa de software informático contratada por el HUD en 1996 para gestionar su programa de contabilidad interna y control financiero, presidió una explosión de casi 76.000 millones de dólares en transacciones no documentadas en dos cortos años. AMS violó las prácticas fiduciarias y de control al instalar sus propios equipos y programas informáticos sin paralizar el software y el sistema de contabilidad heredados.

En esos mismos dos años, la dirección del HUD triplicó con creces el volumen de préstamos y seguros que pasan por el sistema. Cualquiera que esté familiarizado con la gestión de este tipo de sistemas en un banco o en una compañía de seguros comprende inmediatamente que una decisión así (porque tenía que haber una decisión) provocaría enormes pérdidas. ¿Es incompetencia o intención? Sólo los crédulos creerían en la incompetencia. La recompensa para Charles Rossotti, presidente de AMS, fue ser nombrado comisario del Servicio de Impuestos Internos (IRS) en el Departamento de Hacienda, cargo desde el que supervisó importantes cambios en el contrato de Hacienda con AMS. Fue un beneficiario directo de estos cambios, ya que una exención especial de la Casa Blanca permitió a Rossotti y a su esposa conservar sus acciones de AMS.

La reacción de muchas personas ante los hechos descritos anteriormente es descartarlos como nada más que una prueba de incompetencia y falta de confianza, un accidente, no una conspiración. Sin embargo, por los efectos de esta relativa apertura, Estados Unidos ha pasado de la conspiración a la fase de lo que Wells denomina "conspiración abierta".

Empresas como IMB, AMS Lockheed, Dyncorp, SAIC y Accenture no han proporcionado sistemas capaces de superar una auditoría de la GAO. Estas maniobras y las justificaciones del gobierno son una afrenta al sentido común y poco éticas. Como empresas del sector privado, deben pasar auditorías antes de que sus propias cuentas puedan ser aprobadas y comunicadas a los accionistas. Sin embargo, no cumplen sistemáticamente las mismas normas de gobierno.

A menudo, el gobierno culpa a la administración anterior, la saliente. Sin embargo, hay que señalar que la nueva administración Bush ha sustituido a todos los altos cargos políticos nombrados por Clinton, con la excepción del Contralor de la Moneda John D. Hawke, el Comisionado del IRS Charles Rossotti (anteriormente de la AMS), el Contralor General David Walker y el Director de la CIA George Tenet.

En resumen, los puestos clave necesarios para el control del crédito federal, el control financiero, la auditoría y la inteligencia, para que la administración Bush no pueda culpar a la administración Clinton.

Esta transición sin fisuras entre las administraciones demócrata y republicana representa un notable consenso entre partidos y pone de manifiesto las verdaderas posiciones de poder. A excepción de Rossotti, todos estos hombres seguían en el cargo en 2004. ¿Y qué pasa con Rossotti? Dejó la Agencia Tributaria para convertirse en asesor principal del Grupo Carlyle en materia de tecnología de la información. Es difícil imaginar un cambio de posición más simbólico y significativo. El negocio de Carlyle es el capital riesgo global, lo que significa que invierte en adquisiciones de empresas de todo el mundo, especializándose en fabricantes de armas y tecnología. Los elevados niveles de transacciones no documentadas en el HUD y el Departamento de Defensa despiertan inevitablemente la curiosidad. ¿Dónde está el dinero asociado a estas transacciones? No hace falta mucha imaginación para preguntarse también de dónde saca el Grupo

Carlyle el dinero con el que financia sus adquisiciones.

La cartelización de la economía estadounidense era prácticamente completa a finales de la primera década del siglo XX. En 1889, el mayor banquero de Estados Unidos, J.P. Morgan, convocó una reunión en su mansión de la avenida 5 de Nueva York. Su objetivo era alcanzar un consenso que permitiera a los propietarios de los ferrocarriles estadounidenses fusionar sus intereses en competencia. No se trataba sólo de un grupo de ejecutivos del transporte que se ponían de acuerdo sobre los precios. Los ferrocarriles también controlan los yacimientos de carbón y las reservas de petróleo del país y están estrechamente vinculados a los mayores bancos del país.

La creación de la Reserva Federal en 1914 completó este proceso de consolidación. El Congreso cedió a los bancos el control del sistema monetario estadounidense y del crédito federal, reconociendo así formalmente el cártel. Esto colocó a un número relativamente pequeño de hombres en posición de fijar los precios en toda la economía con un grado de control desconocido hasta entonces en la historia de Estados Unidos.

La política exterior estadounidense y las guerras que Estados Unidos ha librado durante el siglo XX (incluida la guerra hispano-estadounidense de 1898 y la actual guerra contra el terrorismo) han conseguido ampliar el control del cártel sobre la economía mundial. La Guerra Civil estadounidense se libró para determinar el control de la economía estadounidense, no para abolir la esclavitud. La mayoría de los estadounidenses explicarían los últimos 150 años de guerra como algo tristemente necesario por razones ajenas a Estados Unidos. La implicación es que Estados Unidos ha acumulado su posición internacional preponderante por accidente providencial y no por diseño. Los argumentos a favor de una opinión contraria suscitan acusaciones burlonas de ser víctima de la "teoría de la conspiración". En su opinión, los individuos y las organizaciones con intereses propios son incapaces de trabajar juntos para alcanzar objetivos comunes.

Cuando J.P. Morgan firmó un acuerdo de no competencia, no fue un accidente. Del mismo modo, las guerras de Estados Unidos no fueron accidentes; fueron mucho más rentables de lo que se cree. Al final de la Segunda Guerra Mundial, Estados Unidos confiscó miles de millones de dólares de tesoros de guerra alemanes y japoneses. El presidente Truman tomó la decisión consciente de no revelarlo al público ni repatriarlo. En cambio, se utilizó para financiar operaciones encubiertas.

El mito popular es que los trusts se disolvieron en la primera década del siglo XX debido a la cruzada de Theodore Roosevelt en favor de la clase media. Ciertamente, Roosevelt utilizó su postura pública contra las "grandes empresas" para obtener fondos de campaña de los empresarios a los que atacaba. Tal vez esto explique por qué más tarde firmó una ley que deroga las sanciones penales para estos mismos empresarios. Este es un rasgo común de los presidentes "liberales" o "progresistas".

El segundo Roosevelt, Franklin, es considerado el campeón de los desfavorecidos, que acabó con la Gran Depresión. Fue él quien creó el sistema nacional de seguridad social, que fue (y sigue siendo) financiado por un impuesto altamente regresivo sobre sus beneficiarios. Se permitió deducir las contribuciones de contrapartida de las empresas como gastos empresariales antes de impuestos, lo que no hizo más que ampliar el carácter regresivo del programa al financiar la parte de las empresas con la pérdida de ingresos fiscales.

Roosevelt, un político sobresaliente, obtuvo una victoria aplastante con un programa de reformas que eludió hábilmente y no aplicó. En su lugar, declaró una emergencia económica nacional, eludiendo cualquier desafío constitucional a su poder en los tribunales. Se apresuró a ignorar la cláusula del oro en los contratos de bonos del Estado y creó el Fondo de Estabilización Cambiaria (FEC) en 1934. Ostensiblemente destinado a promover la estabilidad del dólar en los mercados extranjeros, este fondo era y sigue siendo en la práctica algo muy diferente. No rinde cuentas al Congreso y sólo es responsable ante el Presidente y el Secretario del Tesoro. Se trata, en definitiva, de un fondo no declarado que puede recurrir al crédito federal.

El servomecanismo

La creación del Fondo de Estabilización Cambiaria (FEC) sigue la misma lógica que la creación de la Reserva Federal en 1914. Esta última, la Reserva Federal, también se creó en respuesta a una crisis: el crack de 1907. La leyenda de Wall Street atribuye al genio y al patriotismo de J.P. Morgan la salvación de la nación.

De hecho, el crack y la depresión resultante permitieron a Morgan destruir a sus competidores, comprar sus activos y, de paso, revelar a la nación y al mundo lo poderosos que eran los bancos y Morgan. No todo el mundo está agradecido y algunos exigen una acción legislativa para poner el sistema monetario nacional y el crédito federal bajo la supervisión y el control públicos.

En una magistral campaña de fraude político, la Reserva Federal fue creada en 1912 por una ley del Congreso con este mismo propósito. El Sistema de la Reserva Federal es probablemente la imposición más diabólica de la esclavitud al pueblo estadounidense, establecida por una conspiración entre los banqueros internacionales y sus sustitutos en la Cámara de Representantes y el Senado de los Estados Unidos.

Pero al crearlo como una empresa privada propiedad de los bancos, el Congreso cedió de hecho una posición aún más fuerte a los bancos que la que tenían anteriormente.

Incluso hoy en día, poca gente sabe que la Reserva Federal es una empresa privada propiedad de los mismos intereses que nominalmente regula.

Así pues, el control del sistema crediticio y monetario federal en los Estados Unidos, y el rico flujo de información privilegiada que conlleva, se oculta a la vista del público y se controla en secreto, lo que explica más bien el carácter délfico del presidente de la Fed.

La extensión del control secreto no se limitó a las finanzas. La Ley de Seguridad Nacional de 1947 creó la Agencia Central de Inteligencia (CIA) y el Consejo de Seguridad Nacional (NSC) y reunió el control de los tres servicios armados en el Pentágono. Esto no hizo más que extender el principio del secreto al ámbito de la "seguridad nacional". Al igual que la Reserva Federal, la CIA fue eximida de la divulgación pública de su presupuesto y se le otorgó el control presupuestario de toda la comunidad de inteligencia, mientras que el Consejo de Seguridad Nacional fue creado como un órgano de formulación de políticas separado de los organismos estatales existentes, como el Departamento de Estado y los mandos militares que dependen directamente del Presidente.

La Ley de la CIA de 1949 creó un mecanismo presupuestario que permite a la CIA gastar todo el dinero que quiera "sin tener en cuenta las disposiciones legales y reglamentarias relativas al gasto de los fondos gubernamentales". En resumen, la CIA tiene una forma de financiar cualquier cosa -legal o ilegal- tras la protección de la Ley de Seguridad Nacional.

Una vez creados los medios burocráticos para diseñar y desarrollar políticas en secreto, el siguiente paso era crear los medios para aplicarlas. La cuestión principal era cómo controlar el flujo de dinero en la economía nacional. La solución del gobierno fue asumir una posición dominante en los mercados de crédito.

Para ello, creó primero la Autoridad Federal de la Vivienda en 1934 (precursora del HUD y que ahora forma parte del HUD), luego Ginnie Mae y, finalmente, Fannie Mae y Freddie Mac, que son Empresas Patrocinadas por el Gobierno (GSE) para proporcionar financiación y seguros hipotecarios a los compradores de viviendas. El objetivo político subyacente es más sutil. En combinación con el poder de la Reserva Federal (es decir, del cártel) para fijar el precio del dinero, la FSE, las GSE y, más recientemente, el Departamento de Vivienda y Desarrollo Urbano (HUD) han demostrado ser una fuerza poderosa para regular los flujos de dinero y la demanda en la economía estadounidense.

El ejército también se reformó con la adopción, por primera vez en la historia de Estados Unidos, de un presupuesto militar y una estructura de fuerzas en tiempos de paz. A principios de la década de 1960, esta estructura se perfeccionó con la adopción de un proceso de adquisición explícito de coste incrementado. La justificación de este proceso fue, como siempre, la seguridad nacional. Este presupuesto militar resultó tan eficaz para regular el sector industrial como el control de la financiación inmobiliaria para regular el crédito. Juntos, confieren un control virtual sobre la economía, medida convencionalmente en términos de producto interior bruto (PIB) monetario. Un momento de reflexión sobre la estructura institucional brevemente descrita anteriormente deja clara la importancia central del crédito federal en su suscripción. El gobierno federal garantiza a las GSEs proporcionándoles una línea de crédito subvencionada por el Tesoro. Otra subvención indirecta, en forma de menores costes de endeudamiento, se deriva de la creencia del mercado de que esto constituye una garantía gubernamental implícita de su solvencia.

Aunque este tema es controvertido de vez en cuando, lo cierto es que las GSE no son las únicas empresas que reciben ayudas del gobierno.

Desde la quiebra de Continental Illinois a principios de los años 80, el gobierno ha señalado de manera informal su apoyo al sistema bancario. Esto se hizo aún más explícito con el rescate del Citibank a principios de los años 90 y la subvención implícita que recibió todo el sector bancario como resultado. Tampoco son las instituciones financieras las únicas que se benefician de este tipo de ayudas. Tanto Lockheed Martin como Chrysler han sido salvadas de la insolvencia por el contribuyente en el pasado, presumiblemente debido a los siguientes factores: su condición de grandes contratistas de defensa. Este sistema da mucha importancia al tamaño, aunque sólo sea por lo que el sistema bancario llama alegremente y sin convicción la doctrina de "demasiado grande para caer".[7] Pero también para las empresas

---

[7] "Demasiado grande para caer", NDT.

industriales es muy valioso tener una relación contractual con el Pentágono. No sólo existe el "nirvana" económico del contrato de coste incrementado, sino que, si eres lo suficientemente grande, tu riesgo empresarial fundamental está garantizado por razones de seguridad nacional. Por ello, las empresas tienden a migrar su negocio a los mercados militares en lugar de a los puramente civiles; hoy en día, la compañía Boeing es un excelente ejemplo de este fenómeno. Y el resultado es que un sector tras otro de empresas civiles han sido empujadas a la insolvencia o a la adquisición por las mismas entidades que se supone que las protegen.

La dinámica de los contratos de coste incrementado es tal que los beneficios aumentan a medida que aumentan los costes. Esto explica en gran medida el tamaño de los presupuestos militares estadounidenses, que han crecido inexorablemente a lo largo de los años, incluso cuando la preparación militar ha disminuido. Pero, como hemos visto, las pérdidas en términos de menor productividad se hacen notar en amplios sectores de la economía, ya que la competencia de los contratos no militares se ve desplazada o adquirida.

Está claro que estas pérdidas en la economía real tienen que ser financiadas, lo que produce una mayor demanda de crédito de lo que sería en caso contrario. Dado el descenso de la productividad y la reducción de la base productiva, era inevitable que en algún momento las exportaciones netas fueran negativas, situación en la que Estados Unidos entró en 1982 y que se ha intensificado desde entonces. Actualmente, la deuda externa neta de Estados Unidos ronda los 3.000.000 millones de dólares (30% del PIB) y crece a un ritmo de unos 500.000 millones de dólares al año (5% del PIB).

La financiación de esta necesidad de préstamos en el extranjero sin depreciación de la moneda requiere tanto la capacidad de controlar los flujos de caja nacionales en la medida de lo posible como la cooperación de al menos algunos países extranjeros clave para lograr el mismo tipo de control sobre los flujos de caja internacionales. En este último caso, esto adopta la forma, en parte, de una creciente intervención por parte de los países con superávit de dólares y fuertes posiciones netas de exportación para evitar que los mercados hagan bajar el dólar.

En la práctica, esto significa que acumulan cada vez más dólares, que a su vez invierten en títulos del Tesoro estadounidense. Los extranjeros poseen ahora alrededor del 45% de la deuda del Tesoro estadounidense en circulación. En enero, el Banco de Japón intervino en los mercados de divisas en nombre del Ministerio de Finanzas japonés, comprando la friolera de 69.000 millones de dólares sólo en ese mes, más del 30% de su intervención total en 2003, que fue en sí mismo un año récord.

Todo esto puede parecer que tiene poco que ver con el presupuesto negro, que la mayoría de la gente asocia con las operaciones de inteligencia "negras". Pero lo cierto es que el presupuesto negro no puede entenderse de forma aislada sin comprender el contexto político, histórico y económico del que surge. Una forma de entenderlo es comparar las tendencias. Por ejemplo, en 1950, el Dow Jones de Industriales era de 200, y hoy el Dow es de 10.600. En 1950, el tráfico de drogas era un delito relativamente desconocido en Estados Unidos. Hoy en día, está muy extendida, y no sólo en las ciudades, sino también en los pueblos pequeños y las comunidades rurales. En 1950, Estados Unidos poseía la mayor parte del oro del mundo y era el mayor acreedor del mundo. Hoy es el mayor deudor del mundo. En 1950, Estados Unidos era un gran exportador de bienes industriales al resto del mundo. Según las tendencias actuales, Estados Unidos no es autosuficiente en productos manufacturados y ni siquiera tendrá una industria manufacturera decente en 2020.

¿Existe una relación entre estas tendencias o son aleatorias? Puede parecer extraño pensar en una correlación positiva entre el narcotráfico y el mercado de valores, pero considere lo siguiente: a finales de la década de 1990, el Departamento de Justicia de EE.UU. estimó que el producto del narcotráfico que entraba en el sistema bancario de EE.UU. ascendía a entre 500.000 y 1.000.000 de millones de dólares al año, es decir, más del 5 al

10% del PIB. El producto del delito debe encontrar una forma de entrar en los canales legítimos, es decir, legales, ya que, de lo contrario, no tiene ningún valor para sus poseedores. Si además se supone que el sistema bancario recibe una comisión del 1% por procesar este flujo (bastante baja si se tiene en cuenta que el blanqueo de capitales es un mercado de vendedores), los beneficios que los bancos obtienen de esta actividad son del orden de 5.000 a 10.000 millones de dólares.

Una de las razones del silencio de la Reserva Federal es que las agencias del propio gobierno han estado involucradas en el tráfico de drogas durante más de sesenta años. Para entender el presupuesto negro, hay que conocer la práctica estadounidense de abrir el mercado de consumo de medicamentos de Estados Unidos a los exportadores extranjeros para perseguir objetivos estratégicos en el extranjero.

La portabilidad de los estupefacientes y el considerable aumento de los precios entre la producción y el punto de venta los convierten en una fuente de financiación especialmente útil para las operaciones encubiertas. Y lo que es más importante, los ingresos procedentes de la venta de drogas están completamente al margen de los canales de financiación convencionales y constitucionales. Esto explica en parte la omnipresencia del narcotráfico en las zonas de conflicto de todo el mundo, desde Colombia hasta Afganistán.

Sin embargo, el impacto del tráfico de drogas en las comunidades y las economías en el punto de venta está poco estudiado. Consideremos, por ejemplo, el impacto en los mercados inmobiliarios y en los servicios financieros. El sector inmobiliario es un sector atractivo para emplear el exceso de dinero en efectivo procedente de la venta de drogas porque, como industria, carece totalmente de regulación con respecto al blanqueo de dinero. Como el dinero en efectivo es un método de pago aceptable y, en algunos lugares, familiar, se puede disponer fácilmente de grandes sumas sin mucho comentario. Esto puede provocar, y de hecho lo hace, una considerable distorsión de la demanda local y, a su vez, alimenta la especulación inmobiliaria y el aumento de la demanda de crédito para financiarla, así como considerables oportunidades de especulación y fraude.

El episodio de la Contra iraní de los años 80 contenía todos estos elementos; aunque muchos conocen la venta de armas a Irán para financiar las guerrillas respaldadas por la CIA en Nicaragua y los escuadrones de la muerte en El Salvador, son menos conocidos el saqueo sistemático de las instituciones financieras locales y la venta de drogas a Estados Unidos. Y cuando un banco quiebra, los accionistas, los depositantes no asegurados y el contribuyente pagan la factura.

La cuestión es que el tráfico de drogas crea un entorno en el que los incentivos para dedicarse a una actividad no económica son mayores que los de dedicarse a una actividad económica. En resumen, los beneficios del robo son mayores que los del cumplimiento.

Lo que importa desde una perspectiva de política pública en la economía cartelizada es la capacidad de controlar y concentrar los flujos de dinero de cualquier tipo. Para ello, es menos importante que un banco quiebre que el hecho de que el crédito federal esté disponible para compensar las pérdidas. De este modo, el coste monetario de las pérdidas se transfiere, o se socializa, a la base del contribuyente nacional. Por lo tanto, mientras haya prestamistas dispuestos al gobierno federal, el juego puede continuar. Una breve introducción a la Reserva Federal como empresa criminal a través de los ojos del congresista Louis T. McFadden, que fue presidente del Comité Bancario de la Cámara de Representantes, puede resultar esclarecedora:

> *No hay un solo hombre aquí que no sepa que el sistema del Banco de la Reserva Federal es la mayor estafa jamás ideada por el hombre.*

Así lo dijo un gran patriota estadounidense, el difunto congresista Louis T. McFadden, un valiente estadista que luchó contra el monstruoso cáncer de la nación estadounidense durante todos sus años en el Congreso. Este valiente patriota es uno de los grandes héroes de Estados Unidos, un hombre que pagó con su vida por atreverse a hablar contra la flagrante esclavitud monetaria impuesta por la Ley de la Reserva Federal de 1913 a la nación que amaba.

Se produjeron dos atentados contra la vida de McFadden, pero fracasaron: el primero fue cuando le dispararon al salir de un taxi a la puerta de un hotel de Washington. Ambos disparos fracasaron y las balas se alojaron en la carrocería del taxi en lugar de en la víctima prevista. El segundo atentado contra la vida de McFadden se hizo con la copa envenenada. Afortunadamente para McFadden y la nación americana, un médico estuvo presente en una cena a la que asistió. El médico pudo hacer un lavado de estómago y arrebatar a McFadden de las fauces de la muerte a tiempo. El tercer intento también se hizo cortando veneno: esta vez tuvo éxito. Curiosamente, en el certificado de defunción figura como causa de la muerte un "fallo cardíaco".

> ¿En qué consiste el sistema corrupto de la banca central y quiénes son los hombres que lo dirigen?

> ¿Quiénes son estos hombres que tienen al pueblo estadounidense como esclavo?

> ¿Quiénes son los que han conseguido burlar la Constitución de los Estados Unidos?

> ¿Quiénes son estas personas que se burlan del 4 de julio?

En este libro, intento arrojar luz sobre estos hombres oscuros y siniestros y su sistema bancario de la "puta Babilonia", que todos los miembros del Congreso parecen temer.

Cuando los conspiradores de la Reserva Federal lograron que se aprobara su monstruoso proyecto de ley y cuando se aprobó la enmienda 16, se cerró el capítulo de años de conspiración para establecer el método más terriblemente eficiente de explotación y robo al pueblo estadounidense jamás conocido en la historia de la humanidad.

Los esfuerzos concertados de un grupo de hombres sin escrúpulos para anular las disposiciones de la Constitución de los

Estados Unidos de América se vieron recompensados con la aprobación de la Ley de la Reserva Federal, que puso el poder financiero y la tiranía en manos de unos pocos hombres sin rostro. Es inútil e incluso insensato hablar de libertad y justicia mientras el sistema bancario de la Reserva Federal esté vivo y en funcionamiento. No tenemos libertad ni justicia mientras la Reserva Federal siga en pie. Somos esclavos en un sentido muy real, porque ¿no es cierto que cada uno de nosotros debe a la Reserva Federal más de 23.000 dólares? ¡Eso es lo que dicen! ¿Estamos agobiados por la llamada "deuda nacional"?

Si la respuesta es "sí", entonces sí somos esclavos. El sistema del Banco de la Reserva Federal está construido en torno a doce bancos privados. Se ha reclasificado hábilmente una serie de bancos para que nunca pueda llamarse "banco central", ¡pero nadie se ha dejado engañar por tal engaño!

El monopolio bancario privado conocido como la Reserva Federal ha puesto a Estados Unidos en manos de un capataz de lo más horrible, mucho peor que los capataces de los faraones del antiguo Egipto. Seguramente la más reprobable dejación de funciones por parte del Congreso ocurrió en 1913, cuando otorgó el poder de vida y muerte sobre el pueblo estadounidense a una banda de hombres que el gran escritor H.L. Mencken describió como "sinvergüenzas de baja estofa".

Los bancos de la Reserva Federal (conocidos como la Fed) siguen el modelo de "la vieja dama de Threadneedle Street" (el Banco de Inglaterra), cuyo principal artífice, J.P. Morgan, fue siempre el agente fiscal de la monarquía europea. La dinastía bancaria construida por el "viejo Juan P" sigue representando a los Fondi, es decir, a las antiguas familias reales y a sus primos venecianos de la nobleza negra. Esta sigue siendo la situación en 2007.

La Fed pudo cosechar enormes beneficios cada año y no fue cuestionada constitucionalmente hasta que llegó McFadden. En 1930, McFadden demandó a la Reserva Federal para que le devolviera 28.000 millones de dólares que, según él, habían sido robados al pueblo estadounidense. El ataque de McFadden a los sagrados portales de la Fed envió ondas de choque a Wall Street. Se consideró un desafío indecoroso a la dinastía Rothschild, fundada por Meyer Amschel Rothschild, cuyo mayor logro fue instalar a su agente, August Belmont (un nombre falso), al frente de los asuntos fiscales y monetarios de la nación más poderosa del planeta. Otro agente de Rothschild fue Alexander Hamilton (también un alias) que apareció en la escena de Washington y Nueva York desde las Indias Occidentales.

Hamilton, en realidad un agente de los servicios secretos británicos, se hizo rápidamente con el control de las políticas monetarias de EE.UU. con la plena cooperación y apoyo de Belmont. Hamilton y Belmont consiguieron insinuarse en los círculos bancarios de Wall Street y en la alta sociedad neoyorquina en un periodo de tiempo sorprendentemente corto. Juntos, Hamilton y Belmont ayudaron a sentar las bases de lo que se convertiría en el mayor estado esclavista jamás conocido, los Estados Unidos de América. A nadie parecía importarle que "la Fed" no era un banco de reserva en el verdadero sentido de la palabra, y como tal era una gigantesca estafa y un engaño.

Esto ha sido posible gracias a una política deliberada de no enseñar nunca ni siquiera los fundamentos del dinero en nuestras escuelas y universidades, lo que, combinado con las amenazas y la intimidación, es suficiente para que el dinero sea "misterioso" y supuestamente difícil de entender. Un Congreso sin líder y sin carácter sólo ha contribuido a la falta de comprensión de los conceptos básicos del "dinero".

El Congreso sigue hasta el día de hoy en una flagrante dejación de funciones, ya que permite que la Fed se perpetúe a costa del pueblo estadounidense, sabiendo perfectamente que la Fed es una institución ilegal. ¿Cómo se hizo realidad una pesadilla tan aterradora? ¿Cómo empezó todo? ¿Cómo se las arreglaron los bancos centrales de Europa para subvertir la Constitución de Estados Unidos -que tanto odiaban- aparentemente en las narices del Congreso, que supuestamente fue elegido para defenderla? ¿Cómo es que los hombres malvados fueron capaces de superar la única disposición de la ley estadounidense, que estaba ahí para proteger al pueblo estadounidense de los "sinvergüenzas sin escrúpulos" de los bancos centrales de Europa?

Tras haber colocado a sus representantes en puestos clave de la Cámara y el Senado, los banqueros europeos, los conspiradores, se movieron rápidamente para consolidar la cabeza de playa que habían establecido.

El único hombre que vio de qué se trataba fue el presidente Andrew Jackson. Elegido con la promesa de que cerraría el Segundo Banco de los Estados Unidos, precursor de los actuales Bancos de la Reserva Federal, el Segundo Banco de los Estados Unidos fue impuesto a Madison y a los republicanos en 1816, tras años de incesante presión de Wall Street. Al igual que el Primer Banco de los Estados Unidos, que tenía una carta de 20 años, el Segundo Banco de los Estados Unidos también era un banco privado, que no ofrecía ningún beneficio al pueblo estadounidense. Su único propósito era enriquecer a los accionistas del banco a expensas del pueblo estadounidense, un hecho que Jackson notó rápidamente.

Jackson condenó abiertamente el banco, y su estrategia de prohibir el depósito de dinero del gobierno en el Segundo Banco de los Estados Unidos tuvo un éxito devastador. Sus ataques contra el banco y sus accionistas fueron rápidos y no tuvieron parangón en la historia de la banca en Estados Unidos. En este sentido, Jackson contó con el apoyo de la mayoría del pueblo estadounidense, y cuando se presentó a la reelección, volvió a la Casa Blanca con gran éxito. Consiguió una importante victoria para el pueblo estadounidense y rápidamente vetó un proyecto de ley aprobado por el Congreso que habría prolongado la vida del segundo Banco de los Estados Unidos.

Jackson era muy popular entre el pueblo. La deuda nacional fue eliminada y el gobierno logró un superávit. Jackson ordenó que se distribuyeran 35 millones de dólares del excedente de la nación entre los estados, que era la intención de los redactores de la Constitución. Preocupantemente, incluso en 1832, el banco fue aprobado por el Congreso. Desde entonces, la Cámara y el Senado se han negado a cerrar la Reserva Federal, y asistimos regularmente al espectáculo de nuestros legisladores inclinándose ante el presidente de la "Fed", sea quien sea, desde Arthur Burns hasta Alan Greenspan.

Es penoso ver cómo los legisladores se tiran de la corbata colectiva cada vez que el presidente de la "Fed" es llamado a declarar ante las comisiones. Nunca olvidaré un incidente concreto en el que Volcker se sentó y echó el humo del puro en la cara de los miembros del comité, mientras el senador Jake Garn, de Utah, se inclinaba generosamente ante él. Pero los senadores de la comisión simplemente hicieron la vista gorda a lo que Volcker representaba, contribuyendo así a manchar la Constitución que juraron defender.

La Constitución es muy clara sobre quién debe controlar el dinero:

El artículo 1, sección 8, párrafo 5, establece:

> "... Que el Congreso es el único que tiene la facultad de acuñar moneda, de regular su valor y el de las monedas extranjeras".

Continúa:

> "Ningún Estado podrá hacer de las monedas que no sean de oro y plata un medio de pago de las deudas".

La Constitución no permite en ninguna parte que el Congreso delegue su autoridad. El tema candente en todas las elecciones debería ser la continuidad de la Junta de la Reserva Federal y se debería exigir a todos los candidatos a cualquier cargo que firmen un compromiso de que votarán por la abolición de la Fed si son elegidos, compromiso que debería ser legalmente vinculante. El incumplimiento de este compromiso debería ser motivo de destitución.

Los responsables de llevar la Fed a las costas estadounidenses pertenecen a una galería de pícaros. Salmon P. Chase, J.P. Morgan, Alexander Hamilton, el coronel Mandel House, Aldrich Vreeland, A. Piaff Andew, Paul Warburg, Frank Van der Lip, Henry P. Davison, Charles D. Norton, Benjamin Strong, el presidente Woodrow Wilson, Arsène Pujo y Samuel Untermeyer, por citar sólo algunos candidatos dignos.

Estos hombres y sus aliados de Wall Street han hecho más daño a la joven nación estadounidense que cualquier ejército extranjero que ataque nuestras costas. Si fuéramos invadidos y derrotados por una potencia extranjera, no podríamos estar más esclavizados que ahora, menos libres, con menos razones para creer en el futuro de Estados Unidos previsto por nuestros Padres Fundadores. Estamos atrapados en una estafa monstruosa de proporciones tan inmensas que los hombres razonables se niegan a creerla. El gran patriota estadounidense William Jennings Bryan se pronunció contra esta nueva forma de esclavitud y condenó a los aristócratas del papel moneda:

> *El Congreso es el único facultado para acuñar y emitir dinero. Exigimos que todo el papel moneda, de curso legal, sea canjeable en moneda.*

Pero, al igual que Juan el Bautista, era una voz que clamaba en el desierto. La Ley de la Reserva Federal fue aprobada por el Congreso el 30 de mayo de 1908, tras un "pánico" cuidadosamente planificado y escenificado en 1907, del que Morgan fue el principal instigador y artífice. Incluso en 2007, Morgan, a través de su director general, Dennis Weatherstone, sigue dictando diariamente la política fiscal al Secretario de Estado, bajo la bandera británica que ondea sobre las oficinas de Morgan en Wall Street.

El proyecto de ley de 1908 se titulaba "Ley de emergencia monetaria Aldrich Vreeland". El propio nombre fue elegido con la intención de engañar al público. No había ninguna emergencia. Por cierto, Nelson Aldrich era el abuelo de David Rockefeller, y Edward B. Vreeland era un banquero-diputado de Nueva York, que voluntariamente realizó el servicio requerido para sus amos, en violación de su juramento de defender la Constitución. Así se sentaron las bases de la guerra contra el pueblo. Que nadie lea este mensaje y crea lo contrario. El establecimiento de la Fed fue una declaración de guerra contra el pueblo de los Estados Unidos.

La historia revela tres tipos y estilos básicos de guerra. El único método directo de hacer la guerra es a través de la religión, que implica pedir a la gente que vacíe sus bolsillos para obedecer a Dios, que normalmente resulta tener una dirección terrestre. Este método es bastante falible, ya que la desilusión se instala con bastante rapidez y es cada vez más difícil de revertir. La guerra por conquista militar es, por supuesto, el método más fácilmente reconocible, pero cuesta mucho dinero mantener la ocupación del país conquistado, que nunca es realmente conquistado a menos que se pueda superar el odio implacable hacia los invasores.

En el caso de la revolución bolchevique, la China de Mao y el Pol Pot de Camboya, esto se logró mediante el asesinato de millones de personas, a las que se llamó "contrarrevolucionarios y disidentes". Lo mismo ocurrirá en Estados Unidos cuando nos llegue el turno, como seguramente ocurrirá si seguimos ignorando el dominio abrumador de la "Fed". Si no empezamos a apartar nuestras energías de los opiáceos de la televisión y las drogas del deporte de masas, tenemos asegurado un lugar en la historia como la mayor nación subyugada en la historia del mundo.

La tercera forma de guerra, y quizás la más eficaz, es la guerra económica. Es correcto decir que todas las guerras tienen un origen económico. Las guerras tienen su origen en la economía y siempre lo han tenido. En este caso, la población conquistada es más dócil y cooperativa con sus captores. Disfrutan de cierta libertad de movimiento, de religión, de reunión, e incluso se someten a la farsa de elegir representantes cada dos o cuatro años. Lo que tenemos hoy en América no es un sistema bancario, sino una aberración del mismo, en el que se practica el robo a gran escala.

El sistema está completamente pervertido y dirigido por ladrones con trajes de negocios, sentados en oficinas con paneles donde ocultan sus identidades al pueblo estadounidense. Hoy, 85 años después de que el Congreso impusiera el sistema bancario de la Reserva Federal, los nombres de los hombres que controlan las finanzas de nuestra nación siguen siendo desconocidos para nosotros. En estos días de "gobierno abierto" y de abundancia de leyes que prohíben las puertas cerradas en los asuntos públicos, estos carpeteros[8] ¡todavía pueden llevar a cabo los negocios bancarios de la nación en secreto! ¿Cómo es posible que nosotros, el pueblo, toleremos una situación permanente en la que no tenemos forma de saber quiénes son estos hombres y, por tanto, nunca somos capaces de exigirles responsabilidades? El derecho a acuñar dinero y a regular su valor pertenece exclusivamente al pueblo, y sin embargo seguimos permitiendo, año tras año, que estos ladrones sigan manteniendo en jaque a la nación.

Estados Unidos conduce sus asuntos monetarios y fiscales con dinero de chequera sin valor y bonos de la Reserva Federal. El verdadero dinero, la moneda de la nación, siempre fue emitido por el gobierno en una época que ahora parece haber desaparecido. Ahora ha pasado a manos de ladrones de alto rango. Mediante una anotación en el libro mayor, la Reserva Federal crea dinero de la nada y luego lo presta al Tesoro de Estados Unidos a una tasa de usura que asfixia rutinariamente a la nación. ¿Qué pasó con la ley bíblica de que la usura es un crimen capital? La guerra económica que se libra contra el pueblo de esta nación ha llegado a un punto en el que, si no la detenemos, se producirán enormes cambios en nuestro modo de vida. Ya somos un pueblo esclavizado; sólo falta que los amos de la Reserva Federal lo hagan oficial.

En 1910, los conspiradores se sintieron lo suficientemente fuertes como para actuar contra el desprevenido pueblo estadounidense. El tren sellado partió la tarde del 22 de noviembre de 1910 para preparar el terreno. Al igual que Lenin, pensaron que un tren sellado era la mejor manera de lograr el anonimato total. El tren sellado salió de Hoboken, Nueva Jersey, con destino a la isla de Jekyll, frente a la costa de Georgia.

---

[8] "Carpetbaggers" es un término despectivo para referirse a los banqueros-traficantes-usureros que se han apoderado del sistema monetario de las naciones.

Nunca en la historia un enemigo tan formidable había emprendido una guerra contra una nación desprevenida. Sus armas eran la traición, la sedición, la mentira y el engaño. Dirigido por el senador Nelson Aldrich, el grupo estaba formado por A. Piatt Andrew, subsecretario del Tesoro, Charles D. Norton, en representación del First National Bank de Nueva York, Frank Van Der Lipp, del National City Bank de Nueva York, Henry P. Davison, de J.P. Morgan, Paul Moritz Warburg, Benjamin Strong y varios actores bancarios menores. El proyecto en el que se embarcaban era tan atroz, la causa tan profunda, que me atrevo a sugerir que superaría el dolor y el sufrimiento de cualquier guerra en la que haya participado Estados Unidos.

La primera indicación del grupo y de su reunión en Jekyll Island se encuentra en un artículo publicado por E.C. Forbes en 1916. Ninguno de los participantes de Jekyll Island escribió sobre su proyecto. Aunque Carter-Glass, Warburg y House escribieron volúmenes sobre su creación de Frankenstein, ninguno de ellos reveló el papel que desempeñaron en el complot para despojar al pueblo estadounidense de su patrimonio. No cabe duda de que el espíritu impulsor y la mano que lo guiaba era Paul Moritz Warburg, ya que tenía la experiencia de la banca central europea de la que carecían los demás.

Aldrich era, en mi opinión, sólo un conveniente mensajero de Warburg al Senado. Su única razón para ser incluido en la conspiración de Jekyll Island fue la disposición que mostró para redactar leyes y cumplir las órdenes de Warburg y los banqueros de Wall Street.

Ferdinand Lunberg, en su libro *"Sixty Families"*, dijo:

> "La larga conferencia de la isla de Jekyll se llevó a cabo en una atmósfera de elaborado secreto. El viaje a Georgia se realizó en un coche privado fletado por Aldrich y los viajeros, todo ello de forma que la tripulación del tren no pudiera establecer su identidad. Durante mucho tiempo se creyó que no se había celebrado ningún cónclave. Los financieros querían un banco central según el modelo europeo para facilitar la manipulación a gran escala de la economía

nacional.

Se deseaba un instrumento que funcionara como lo había hecho el Banco de los Estados Unidos, que había sido demolido por Andrew Jackson porque concentraba demasiado poder en manos privadas. El veterano Nelson Aldrich presentó un escenario ideado por los "cazadores de patos" de la isla de Jekyll que fue inmediatamente tachado de nefasta empresa de Wall Street y que hasta ahora ha quedado en nada. "

La tarea del gobierno de Wilson fue esencialmente poner la medida en el libro de leyes, pero con un disfraz extravagante. La tarea de redactar dicho proyecto de ley fue encomendada a Warburg, uno de los banqueros más experimentados del grupo conspirador. Warburg colaboraba con los grandes financieros de Wall Street, como revelan sus memorias, y cuando se necesitaba el asesoramiento de la administración, conferenciaba con el coronel Edward M. House.

El esquema de Wall Street, revisado superficialmente por Wilson y Carter Glass, no era más que el plano del cazador de patos de Jekyll Island para un banco central vestido con adornos. Se encontró con cierta oposición por parte de los desinformados de Wall Street, pero contó con un amplio apoyo de la Asociación Bancaria Americana. En la práctica, el Banco de la Reserva Federal de Nueva York se convirtió en la cabeza de puente de un sistema de doce bancos regionales. Los otros once fueron mausoleos creados para resolver el problema de un banco central y para disipar los temores jacksonianos en el interior y sortear la restricción constitucional contra un banco central único.

¿Puede imaginarse algo más humillante que el hecho de que los grandes Estados Unidos, decididos a ser libres, y que pasaron por una gran guerra con Inglaterra para lograr su objetivo, sean ahora engañados por un grupo de banqueros traidores? Como he dicho en otro lugar, y en otras publicaciones mías, las mujeres y los niños estadounidenses se ven obligados a ir a trabajar en un número cada vez mayor, por un salario cada vez menor, mientras que sus maridos y padres desilusionados y desempleados se ven obligados a quedarse en casa porque no hay trabajo para ellos. El divorcio va en aumento, al igual que el asesinato de niños no deseados. El aborto se ha convertido en un matadero legal, que genera mucho dinero para los que dirigen las fosas comunes. Todo esto es obra del Comité de los 300 y de sus adláteres, que son traidores y sediciosos, que desprecian la Constitución.

El cambio respecto a los viejos tiempos en los que sólo la "corona" podía emitir dinero se produjo al sustituir los métodos científicos por la teología, y la filosofía perdió su lugar en favor de la corrupción y el pragmatismo, apenas disfrazados de métodos bancarios modernos. Hemos permitido a los bancos crear algo de la nada. ¿Qué ha creado el hombre? La respuesta es, aparte del "dinero", exactamente nada. Crear significa hacer algo que antes no existía. ¿Qué vemos cuando se trata de papel moneda? Nuestro gobierno dice que es de curso legal. Pero es un papel sin valor en el que se han escrito una serie de denominaciones, para que pueda ser "intercambiado" por algo de valor real, como una casa, por ejemplo. Pero ni siquiera se crea un hogar o una casa.

La construye el hombre utilizando su ingenio para cambiar la forma de ciertas sustancias que ya existían, sustancias como la arcilla, el sílice, las tablas de madera, combinadas con su mano de obra para obtener un producto acabado. Construir una casa cuesta algo, pero a nuestros amos esclavos de la "Fed" no les cuesta casi nada "crear dinero". De hecho, el único coste es el de la impresión, e incluso eso lo asume en gran medida alguien que no es la Reserva Federal. Así que no es difícil ver lo injusto que es lo que la Biblia llama "la puta de Babilonia".

¿Podemos prescindir del dinero? La respuesta es no, pero, por la misma razón, el que hace el dinero -el hombre que, con su ingenio y trabajo duro, construyó la casa- debería ser recompensado -pero no lo es- ampliamente.

La única manera de reequilibrar esta desigualdad es quitar el poder de crear dinero (en lugar de ganarlo) de las manos de los familiares de los bandidos del tren sellado de Jekyll Island. Si no lo hacemos, y si no devolvemos el poder de crear dinero al

Congreso, somos una nación condenada. Cuando Woodrow Wilson fue chantajeado para que firmara la Ley de la Reserva Federal bajo la compulsión de la exposición de las cartas de amor de Peck, nosotros, como nación, perdimos nuestros derechos inalienables y nuestra libertad. Aquel día de infamia en el que tantos de nuestros legisladores decidieron que era más importante estar en casa por Navidad que montar guardia contra los piratas bárbaros de la isla de Jekyll fue, en efecto, un día de infamia incomparable con Pearl Harbor.

"¿Qué es tan malo, qué le pasa a la Fed? "A menudo me preguntan. Para empezar, todo es una monstruosa mentira: no es una institución gubernamental y es ilegal porque la máxima autoridad legal de la nación, la Constitución, dice que es ilegal. Eso nos convierte a todos en forajidos, viviendo en una sociedad forajida. La Reserva Federal roba miles de millones de dólares a los productores de riqueza real, imponiendo pagos de usura (intereses), extorsionando a los productores de riqueza mediante pagos de usura (intereses).

El resultado final es que nosotros, el pueblo, nos vemos obligados a pagar a un grupo desconocido y sin rostro de banqueros miles de millones de dólares en dinero de tributo.

Estamos pagando a un grupo de sinvergüenzas sin rostro miles de millones en intereses por un dinero que estamos obligados a pedir prestado a la misma gente a la que obligatoriamente se lo dimos gratis en primer lugar. Peor aún, al hacerlo, estamos dando a estos banqueros los medios y recursos para dirigir nuestra economía en la dirección que el Comité considera deseable.

Capítulo 13

El golpe de estado de la Reserva Federal

En 1929, Estados Unidos era un país próspero, a pesar de la desastrosa Primera Guerra Mundial a la que Wilson lo había arrastrado. El país contaba con todas las habilidades, recursos naturales e ingenio para convertirlo en una verdadera gran potencia industrial en el mundo. La tierra agrícola era abundante y fértil, nuestra gente estaba dispuesta a trabajar duro y durante mucho tiempo para producir verdadera riqueza en forma de bienes y servicios. Pero los que participaron en la venta de la nación en Jekyll Island no estaban satisfechos. La codicia los dominaba. Haciendo descarrilar la economía aquí y allá, el Comité de los 300 consiguió destruir el sueño americano organizando una grave escasez de la oferta monetaria. Estados Unidos nunca ha sido esclavizado por un ejército invasor ni golpeado por el hambre y las epidemias. Pasara lo que pasara, podríamos manejarlo. Pero entonces los proveedores de dinero decidieron cortar el suministro de dinero cuando más se necesitaba para mantener la sangre de la nación.

¿Qué ha pasado como resultado? Nuestro país ha sido diezmado. La ciudad cultural de Dresde no sufrió tanto los bombardeos asesinos de Winston Churchill en la Segunda Guerra Mundial como Estados Unidos con la depresión de 1929-30.

Los Bancos de la Reserva Federal, deliberadamente y con mala intención, retiraron 8 billones de dólares de la oferta monetaria, dejando sin trabajo al 25% de la población activa. Negaron el crédito y los préstamos a los agricultores y empresarios. Luego, cuando nadie pudo pagar, se apoderaron de la verdadera riqueza de la nación: casas, granjas, propiedades y equipos.

En otras palabras, la Junta de la Reserva Federal, la entidad ilegal, creada por un golpe de estado en tiempo real, privó a la nación de su riqueza real en bienes y servicios al restringir la oferta de dinero, lo que le permitió acaparar los bienes inmuebles por una miseria durante la crisis posterior a Wall Street en los Estados Unidos. Esto podría volver a ocurrir en cualquier momento. La maquinaria, que permitió a la Reserva Federal robarnos, sigue en pie, intacta hoy, como en 1929. Por supuesto, para eso se diseñó.

La Reserva Federal nunca ha sido auditada. La Oficina General de Contabilidad (GAO), el guardián del gasto público, nunca ha sido autorizada a hacerlo. Bajo la presión de McFadden, la GAO hizo un esfuerzo por auditar la Reserva Federal. El equipo de auditores fue detenido a las puertas del banco por Arthur Burnseig, que se presentó como Arthur Burns. Se negó a dejar que el equipo de auditoría entrara en el banco. Burns era entonces Secretario del Tesoro; es decir, era un funcionario, pero actuaba para sus amos, la Reserva Federal privada.

No quiero convertir este artículo en un discurso sobre los tecnicismos de la economía, el dinero, la moneda y la banca, así que trataré de simplificarlo. La forma en que está configurado el sistema bancario de la Reserva Federal permite a la banca obtener enormes beneficios a costa nuestra. Ese es, de hecho, el quid de todo este ejercicio.

Analicen los hechos y verán que las cartas están en nuestra contra en el sistema actual. El sistema monetario es caro. Cobra dinero (usura) por prestar dinero, es decir, dinero utilizado por la comunidad para crear riqueza real. Como tal, es sumamente ineficiente, beneficiando a unos pocos y penalizando a la mayoría. En resumen, está diseñado para crear una escasez de dinero donde claramente no la hay. Esto crea problemas sociales, que se agravan continuamente, haciendo que la nación sea incompatible con el buen gobierno, la justicia social, la libertad y un orden social debidamente constituido. En todo esto se encuentran las semillas de la revolución. La revolución allana el camino para que el gobierno suspenda las disposiciones de la Constitución. Pronto llegará "1984". En nombre del buen orden, se nos dirá que nuestras libertades civiles deben ser suspendidas. Podemos ver fácilmente cómo nos han llevado a una trampa de la que no se puede escapar a menos que actuemos antes de que salte la trampa. Lo que debemos comprender es que, por medios sutiles, se ha subvertido el derecho inalienable de Nosotros el Pueblo (a través de nuestros representantes elegidos). Al abolir las monedas y sustituirlas por dinero a crédito y cheques, nuestro derecho a emitir este dinero y el control de su valor se ha transferido a la fraternidad bancaria a través de su monopolio del crédito. El efecto práctico de esta transferencia ha sido poner en manos de hombres sin escrúpulos el poder de vetar la voluntad del pueblo expresada por el Congreso y el Presidente.

Si alguna vez hubo un golpe casi perfecto, es éste.

Por eso es tan difícil asignar la culpa. ¿Cuántas veces hemos oído a votantes descontentos jurar que no volverán a votar a un presidente porque su política económica no ha funcionado? La verdad es que las políticas económicas de un presidente nunca tienen la oportunidad de despegar.

El presidente no controla el destino económico de Estados Unidos. Esa prerrogativa corresponde a la Reserva Federal. El pueblo, el presidente, perdió el poder de controlar el dinero en 1913, y con él, el control de nuestro destino colectivo.

Volviendo a los conspiradores y a su reunión en la isla de Jekyll, Paul Mortiz Warburg fue el hombre que ideó un título para el nuevo banco central. Fue Warburg quien dijo que Aldrich no debía utilizar su nombre en el preámbulo del proyecto de ley, ya que esto podría alertar a la oposición en el Congreso, que había rechazado previamente las medidas de Aldrich para establecer un banco central. Warburg insistió en que las disposiciones del Reichsbank alemán se incorporaran a la redacción de la medida, es decir, que el control total de los tipos de interés recayera en la Reserva Federal, así como el control de la contracción y expansión del crédito. Fue esta disposición la que provocó la depresión de los años 30. Warburg declaró que creía que el sistema bancario estadounidense

"...ha violado casi todos los principios bancarios sagrados del

Viejo Mundo".

Warburg se impuso, y lo que el Congreso firmó tan alegremente se parecía mucho a la Constitución del Reichsbank. Wilson completó el círculo de la traición al nombrar a Warburg como primer presidente de la Reserva Federal, cargo que siguió ocupando incluso después de que Wilson arrastrara a Estados Unidos a una guerra con la Alemania natal de Warburg. Tal es el poder de la conspiración "Un Mundo Un Gobierno". Ningún sacrificio de los demás es demasiado grande para ellos, ningún objetivo es inalcanzable, nadie está a salvo de sus maquinaciones, ya sea el Presidente de los Estados Unidos o un subordinado. Uno pensaría que el gobierno y nuestros representantes en el Congreso estarían ansiosos, si no francamente ansiosos, de sacar a la luz la verdad sobre la Reserva Federal. Nada más lejos de la realidad. El crimen de cambiar secretamente las leyes monetarias de los Estados Unidos se ha ocultado al pueblo. En mi opinión, no puede haber mayor crimen que ese. El historiador Plinio califica estas acciones de "crimen contra la humanidad". Al ocultar al pueblo la verdadera intención y propósito de la Ley de la Reserva Federal de 1913, el Congreso y la Asociación Bancaria Americana fueron culpables de un atroz crimen contra la humanidad.

Alexander Hamilton votó para adoptar los métodos del sistema bancario central europeo e insertarlos en las leyes bancarias de los Estados Unidos, haciendo así mucho para subvertir la Constitución de los Estados Unidos, que prohibía un banco central. Hamilton subvirtió deliberadamente la voluntad de los redactores de la Constitución para burlarla a instancias de su amo, Rothschild. Hamilton ayudó a cambiar las condiciones, que luego proporcionaron un clima fértil para el nacimiento del mayor monopolio bancario conocido por el hombre, es decir, la Reserva Federal.

Con nuestro sistema monetario encerrado en una condición permanente de inestabilidad e inseguridad de la que no puede escapar, hay pocas esperanzas de llegar a ser un pueblo verdaderamente libre. A principios del siglo XIX, los ciclos económicos eran absolutamente inauditos, ya que simplemente no podían producirse con las políticas monetarias, que se siguieron hasta finales de este siglo. Lo que "nuestro" sistema está haciendo ahora es garantizar la deflación al tratar de frenarla con políticas crediticias que aumentan los precios y, de hecho, incrementan las posibilidades de inflación.

El interés (la usura) es la otra causa de los ciclos económicos, ya que nuestra economía occidental se basa en la deuda, una situación que puede llevar y llevará a la destrucción de la civilización. Hoy, en Estados Unidos, nos preocupamos por la justicia social, pero no podemos tener justicia social hasta que se cierre la Reserva Federal y se suprima la deuda nacional por ley del Congreso. ¿Cómo puede sobrevivir una nación, y más aún progresar, cuando prevalecen las siguientes situaciones monetarias? Lo que sigue es una conspiración abierta que los legisladores conocen, pero no harán nada al respecto.

➢ La emisión de dinero y el control de su valor están en manos de un monopolio privado, dirigido por hombres desconocidos para el pueblo.

➢ El más alto ejecutivo del país, el Presidente, no tiene ningún control sobre la Reserva Federal, no tiene ninguna aportación ni autoridad para intervenir en sus asuntos, excepto para nombrar al Presidente.

➢ Cualquier política económica del Presidente puede ser frustrada o saboteada por los controladores bancarios privados de la Reserva Federal.

➢ Este mismo banco obtiene casi todo el dinero que necesita de nuestro gobierno de forma gratuita. Sin embargo, cuando nuestro gobierno necesita dinero para el pueblo, debe pedirlo prestado al Banco de la Reserva Federal con intereses (usura), que debe devolver en forma de bonos con intereses. Estos bonos no se retiran nunca, ni siquiera cuando se reembolsan en su totalidad. Esto es un fraude gigantesco.

➢ Como resultado de estas transacciones

fraudulentas, el pueblo está cada vez más endeudado, mientras que el presidente no puede hacer nada al respecto y los representantes del pueblo no quieren detenerlo.

➢ El monopolio de los banqueros puede crear dinero a voluntad. Crean dinero de la nada simplemente haciendo anotaciones en su libro de cuentas.

➢ Nunca se realiza una auditoría de la Reserva Federal.

John Adams, uno de los fundadores de la República, dijo una vez:

Toda la perplejidad, la confusión y la angustia en América no se deben a los defectos de la Constitución de la Confederación, ni a la falta de honor o virtud, sino a la pura ignorancia de la naturaleza del dinero, el crédito y la circulación.

Esta es sin duda una de las afirmaciones más acertadas que se han hecho. En el *libro de Salomón* leemos lo siguiente:

El prestatario es el servidor del prestamista.

Nosotros, como nación, un pueblo orgulloso, somos ahora simples servidores del prestamista, la Reserva Federal. Como siervos, no tenemos ningún estatus. Por eso no es necesario celebrar el 4 de julio.

Jesucristo dijo:

En verdad, en verdad os digo que el siervo no es mayor que su Señor.

➢ ¿Qué celebramos el 4 de julio?

➢ ¿Nuestra condición de siervos?

➢ ¿O es nuestra libertad, que perdimos en 1913?

➢ ¿Nuestra continua esclavitud financiera?

He aquí algunas citas para reflexionar. La primera es del presidente Woodrow Wilson, que al final de su vida lamentó amargamente haber firmado la Ley de la Reserva Federal y se quejó de ella en su lecho de muerte:

> *Una gran nación industrial está controlada por su sistema de crédito. Nuestro sistema de crédito está concentrado. El crecimiento de la nación y todas nuestras actividades están en manos de unos pocos hombres. Hemos llegado a ser uno de los peores gobernados, uno de los gobiernos más completamente controlados y dominados del mundo; ya no es un gobierno de opinión libre, ya no es un gobierno por convicción y voto mayoritario, sino un gobierno por la opinión y coacción de pequeños grupos de hombres dominantes.*

Y Wilson dijo justo antes de morir,

"Traicioné a mi país".

Sir Josiah Stamp, que fue presidente del Banco de Inglaterra en los años 20 y fue el segundo hombre más rico de Inglaterra:

> *El banco fue concebido en la iniquidad y nació en el pecado. Los banqueros son los dueños de la tierra; quítales el dinero, pero déjales el poder de crear depósitos, y de un plumazo crearán suficientes depósitos para recuperarlo. Sin embargo, quítales este dinero y todas las grandes fortunas, como la mía, desaparecerán, y deberían desaparecer de este mundo, pues entonces sería más feliz y agradable vivir. Pero si queréis seguir siendo esclavos de los banqueros y pagar el precio de vuestra propia esclavitud, dejad que sigan creando depósitos.*

Robert H. Hemphill, antiguo director de crédito del Sistema Bancario de la Reserva Federal en Atlanta, Georgia (esto fue, por supuesto, después de que dejara el cargo):

> *Es un pensamiento sorprendente: somos completamente dependientes de los bancos comerciales. Alguien tiene que pedir prestado cada dólar que tenemos en circulación, en efectivo o a crédito. Si los bancos crean mucho dinero sintético, prosperamos. Si no, nos morimos de hambre. No tenemos en absoluto un sistema monetario permanente. Cuando se observa el panorama general, el trágico absurdo de nuestra desesperada situación es casi increíble, pero está*

ahí. Es tan grande que nuestra civilización actual podría derrumbarse si no se comprende ampliamente y si no se corrigen rápidamente sus defectos.

Louis T. McFadden MP:

Los Bancos de la Reserva Federal son ahora una de las instituciones más corruptas que el mundo ha visto.

La Reserva Federal se encuentra en una categoría general, y le daré un breve resumen de cómo está constituida. Citaré su propia publicación:

El Sistema de la Reserva Federal está formado por la Junta de Gobernadores, el Comité Federal de Mercado Abierto, el Consejo Asesor Federal y los bancos miembros. La función del sistema es en el ámbito del dinero, el crédito y la banca. El Sistema de la Reserva Federal se organizó en 1914.

La responsabilidad de la política y las decisiones de la Reserva Federal recae en la Junta de Gobernadores, el Comité Federal de Mercado Abierto y el Consejo Consultivo Federal.

(Tenga en cuenta que la responsabilidad no es del Presidente ni del Congreso. Es responsabilidad de estos funcionarios del banco).

En algunos asuntos la ley atribuye la responsabilidad principal al Consejo, en otros a los Bancos de Reserva, y en otros al Comité, aunque en la práctica existe una estrecha coordinación de actuaciones.

Por lo tanto, en aras de la simplicidad, el término "Autoridades de la Reserva Federal" se utiliza con frecuencia cuando no es necesario indicar cuál de las tres es responsable de la acción o en qué medida se comparte la responsabilidad. El Comité Federal de Mercado Abierto está compuesto por los siete miembros de la Junta de Gobernadores y cinco representantes de los Bancos de la Reserva Federal.

El Comité dirige las operaciones de mercado abierto de los Bancos de la Reserva Federal, es decir, las compras y ventas de títulos públicos estadounidenses y otros bonos en el mercado abierto. El objetivo de estas operaciones es mantener una base de crédito bancario suficiente para satisfacer las necesidades de las empresas del país.

El Consejo Consultivo Federal está formado por 12 miembros, uno de los cuales es seleccionado anualmente por cada Banco de la Reserva Federal a través de su Consejo de Administración. El Consejo se reúne en Washington al menos cuatro veces al año.

Consulta con el Consejo de Gobernadores sobre las condiciones generales de los negocios y hace recomendaciones sobre los asuntos del Sistema de la Reserva Federal. Sus recomendaciones son puramente consultivas.

Tenga en cuenta que nuestros representantes elegidos en la Cámara y el Senado no tienen ninguna influencia ni control sobre lo que estos hombres sin rostro hacen con nuestra economía.

Es el Comité de Mercado Abierto, que, más que cualquier otra división, dirige este país. Es una fachada cuidadosamente elaborada tras la cual se esconde un hombre que maneja la cuenta del mercado abierto y que, por lo tanto, es capaz de conocer la subida y la bajada de la bolsa porque la planifica.

Como dijo una vez el diputado Wright Patman:

El presidente del Comité de Mercado Abierto conoce todas las bajadas y subidas del mercado de valores antes de que se produzcan, y puede dar a otros consejos sobre cómo ganar millones de la noche a la mañana; y, por supuesto, se los da a sus amigos.

Deberíamos acabar con esto: el hecho de que unos pocos hagan subir los intereses y bajen los bonos, manipulando el sistema monetario de nuestra nación de tal manera que los especuladores se enriquezcan y estén mejor que la gente honrada que trabaja para vivir. Así que esta es la verdadera función del Comité de Mercado Abierto, puesta al descubierto para todos.

También me gustaría citar al Sr. Thomas A. Edison, de la

siguiente manera:

> *La gente que no va a echar una palada de tierra en el proyecto (me refiero a la presa de Muscle Shoals), ni a aportar una libra de materiales, cobrará más dinero de los Estados Unidos que la gente que aporta todos los materiales y hace todo el trabajo. Eso es lo terrible de los intereses.*

> *Pero esto es lo esencial: si la nación puede emitir un bono en dólares, también puede emitir un billete en dólares. El elemento que hace válida la fianza hace igualmente válida la nota.*

> *La diferencia entre el bono y el billete es que el bono permite al comerciante de dinero cobrar el doble del importe del bono y un 20% adicional, mientras que el valor de la moneda, el tributo honesto previsto en la Constitución, sigue disminuyendo su poder adquisitivo.*

> *Es absurdo decir que nuestro país puede emitir bonos y no puede emitir dinero. Ambas son promesas de pago, pero una engorda al usurero y la otra ayuda al pueblo. Si el dinero emitido por el pueblo no fuera bueno, los bonos tampoco lo serían. Es una situación terrible cuando el gobierno, para asegurar la riqueza nacional, debe endeudarse y someterse a intereses ruinosos a manos de hombres que controlan el valor ficticio del oro. El interés es una invención de Satanás.*

Por supuesto, todos sabemos que la Biblia, el Corán y otros libros se oponen absolutamente a la percepción del interés, pero nos hemos desviado de todas estas cosas y así es como nos hemos metido en el lío en el que estamos hoy. Lo que nos queda ahora es el cascarón de un país que, sin la estafa de la Reserva Federal, sería el más poderoso del mundo, más allá de lo imaginable, con libertad y justicia para todos. Somos esclavos, a menos que estemos dispuestos a hacer que nuestro negocio a partir de ahora, noche y día, para obligar al Congreso a poner fin al sistema bancario de la Reserva Federal y poner fin a nuestra esclavitud. ¿A quién pertenecen realmente los bancos de la Reserva Federal? Dado que están constituidas en sociedad, debería ser relativamente fácil conseguir una lista de accionistas, pero, por lo que sé, nadie ha podido conseguir todavía esa información. ¿Cómo se perpetra este fraude continuo? El poder de los gobiernos, combinado con los avances de la tecnología informática, ha simplificado enormemente la tarea de gestionar los flujos de dinero nacionales -y por extensión internacionales-. Desde el punto de vista político, la victoria estadounidense en la Segunda Guerra Mundial permitió cooptar a todo Occidente y sus dependencias en el Fondo Monetario Internacional (FMI) negociado en la conferencia de Bretton Woods en 1944. Cuarenta y cinco años después, el colapso de la Unión Soviética en 1989 significó que, por primera vez en la historia, no había otra opción monetaria o política en el escenario internacional. El Imperio Británico se había rendido a los estadounidenses precisamente porque Estados Unidos ofrecía una alternativa a la libra esterlina, el dólar.

Estados Unidos preside un sistema monetario mundial más o menos cerrado y centrado en el dólar. En la práctica, esto significa que los países del sistema tienen que intercambiar valor real en forma de productos manufacturados y materias primas con el cártel estadounidense a cambio de una moneda que no es un dólar real, sino un billete de la Reserva Federal incorrectamente llamado dólar, que no es más que un asiento contable creado de la nada. Es como si una empresa sin activos cambiara acciones sin valor por dinero en efectivo, y no es un accidente. Se trata de una técnica privilegiada con la que la familia J.P. Morgan del siglo XIX financió con éxito la consolidación de la industria y las finanzas estadounidenses. Hoy, sus herederos se dedican a hacer lo mismo, pero a escala mundial.

Los rápidos avances tecnológicos han eliminado la posibilidad de una gestión creativa en el sector bancario. Su potencia de cálculo ha hecho que el coste de los cálculos iterativos sea más o menos nulo. Esto ha permitido la creación de un nuevo sector en la industria, los derivados, que no es más que la descomposición de instrumentos financieros como las acciones y los bonos en sus partes componentes, y ha triplicado el poder de los bancos, gracias a la plena cooperación de la Reserva Federal y el Congreso, que han permitido a los bancos no sólo autorregular sus carteras y actividades de derivados, sino también adoptar normas para obligar a otros bancos a utilizar derivados para "controlar" el riesgo. En la práctica, esto significa que las actividades más rentables de los bancos se han trasladado fuera del balance, creando un alto nivel de secretismo en sus actividades. También da una ventaja considerable a los bancos más grandes, a los que los demás deben recurrir para obtener sus derivados. Esto ha alimentado, en parte, la consolidación maníaca del sector bancario y se ha aplicado con enorme éxito a nivel internacional mediante la imposición del Acuerdo Monetario y Bancario de Basilea, que ha obligado a las instituciones financieras de otros países a cooperar, lo que en la práctica ha significado en gran medida someterse o fracasar.

Las tácticas de los bancos han sido copiadas y perfeccionadas por la industria. Un ejemplo destacado es el caso de Enron, que originalmente era una empresa industrial dedicada a la producción y el transporte de petróleo y gas natural, pero que se transformó en una operación financiera altamente apalancada con un enorme negocio de negociación de derivados fuera de balance. Se liberó de la supervisión reglamentaria mediante el método ya probado de comprar a los legisladores y sobornar a sus auditores. Esto le dio el poder de ajustar sus ganancias, prácticamente a voluntad, simplemente cambiando las suposiciones sobre los tipos de interés futuros incluidos en las opciones, los swaps y los contratos de futuros que componen su cartera de derivados no regulados.

Enron es también un modelo de la distinción cada vez más borrosa entre los sectores público y privado. Empleó hasta veinte agentes de la CIA.

Uno de sus altos ejecutivos, Thomas White, fue general del ejército antes de incorporarse a Enron y luego dejó la empresa para incorporarse al ejército. Los ejecutivos de Enron estaban íntimamente relacionados con el grupo de trabajo sobre energía del vicepresidente Richard Cheney. Es difícil evitar la conclusión de que Enron era otra cosa que una operación de blanqueo de dinero empleada en interés de la "seguridad nacional" en nombre del cártel. Estados Unidos se ha embarcado en una costosa aventura militar mundial cuyo resultado no es nada seguro.

Es la culminación de más de cincuenta años de guerra abierta y secreta casi continua. Se apoya en el aparato de financiación más sofisticado de la historia, capaz de movilizar el efectivo generado por una gran variedad de actividades, tanto abiertas como encubiertas. El precio ha sido el vaciamiento gradual de la propia economía estadounidense y la erosión progresiva de las libertades civiles y del Estado de Derecho. El presupuesto negro no es la causa, sino el medio.

Capítulo 14

La conspiración del libre comercio

E stados Unidos, antaño superpotencia hasta que se vio afectado por el síndrome de la "nueva economía mundial", ha perdido tanta capacidad de producción que apenas puede construir un submarino cada dos años y un portaaviones cada cinco. ¿Cómo podemos entonces llamarnos "la única superpotencia del mundo"? La *revista American Shipbuilding Journal* afirmó en 1998 que en los próximos cinco años una mayor parte de la fabricación de componentes y sistemas navales se trasladaría a China, y esto ha resultado ser muy acertado.

"No hay razón para preocuparse", dicen los expertos en economía de libre mercado. "La construcción naval es una de esas viejas actividades manufactureras de las que la economía estadounidense de la nanotecnología está mejor sin ella". Desgraciadamente, según *Manufacturing & Technology News* (8 de julio de 2006), ya ha desaparecido tanta capacidad de fabricación que las capacidades nanotecnológicas de Estados Unidos se limitan en gran medida a la fabricación a escala piloto y de bajo volumen, e incluso eso está desapareciendo a un ritmo alarmante.

No está lejos el día en que tengamos que pedir a China o a Rusia que nos construyan nuestros instrumentos de guerra. En un testimonio ante el Subcomité de Investigación de la Cámara de Representantes, Matthew Nordan, de Lux Research, Inc., dijo que todas las ideas de nanotecnología de Estados Unidos probablemente se "aplicarán en plantas de fabricación de otras costas". Nordan dijo que en algunas áreas de los materiales nanotecnológicos, "el tren de la fabricación ya ha salido de la estación".

Estados Unidos puede incluso estar quedándose atrás en la generación de ideas sobre nanotecnología. En 2006, China se situó a la cabeza del mundo en investigación en nanotecnología, con una producción del 14%. Incluso Corea del Sur y Taiwán gastan más per cápita en I+D en nanotecnología que Estados Unidos. Estados Unidos, que en su día fue el mayor fabricante de máquinas-herramienta del mundo, ocupa ahora el puesto 17 por detrás de la pequeña Suiza. Sean Murdock, director ejecutivo de la Nano Business Alliance, declaró ante un subcomité del Congreso que Estados Unidos no puede vivir sólo de ideas:

> "La propiedad intelectual está bien... pero si se observa el valor total asociado a un producto, la mayor parte del valor tiende a ir a quienes están más cerca del cliente: los que realmente lo fabrican. "

El sentido común salió por la ventana cuando Wilson entró en la Casa Blanca. Lo primero que hizo Wilson fue convocar una sesión conjunta de la Cámara y el Senado, en la que criticó y cuestionó la protección arancelaria que había proporcionado un mercado único a la clase media.

Por muy importante que sea la propiedad intelectual para el proceso de fabricación, lo que marca la diferencia es la capacidad de fabricar y transformar un nuevo principio en bienes tangibles que puedan comercializarse. Sin la capacidad de traducir una idea en un producto manufacturado basado en esa nueva idea, se perdería la oportunidad de cosechar la mayor parte de los beneficios económicos, y con esta condición anquilosada, la capacidad de pensar en nuevas ideas (capacidades creativas) acabaría por agotarse. Sin habilidades y conocimientos de fabricación, es difícil reconocer las innovaciones prometedoras de la nanotecnología. En otras palabras, si le dieras a un hombre prehistórico un plan sobre cómo hacer un arma para cazar, no cambiaría su situación.

Durante las dos últimas décadas, he estado señalando la erosión de la clase media estadounidense, condiciones en las que el libre comercio ha prosperado desde que Adam Smith intentó vender los productos británicos a los colonos en una calle de sentido único. Las funciones de producción basadas en los conocimientos adquiridos, que han ido a parar a lo que antes se llamaba "países subdesarrollados", como China. La llamada falta de singularidad necesaria para que funcione la ventaja comparativa, y la movilidad internacional del capital y la tecnología, permiten que estos factores de producción busquen la ventaja absoluta en el extranjero en una mano de obra cualificada, disciplinada y de bajo coste. De hecho, como he dicho muchas veces, el libre comercio es una mentira y lo ha sido desde el día en que Adam Smith, de la Compañía de las Indias Orientales, intentó imponerlo a las nuevas colonias americanas. El libre comercio ha destruido la singular clase media que hizo grande a Estados Unidos; la clase media es un concepto que desaparece rápidamente.

Así, una vez que se eliminaron las barreras comerciales de Estados Unidos y se puso en marcha la Internet de alta velocidad, los niveles de vida del Primer Mundo dejaron de estar protegidos por acumulaciones únicas de capital y tecnología. Este cambio de condiciones permitió a las empresas estadounidenses utilizar empleados de grandes reservas de mano de obra extranjera, como las que existen hoy en día en India y China, para sustituir a los empleados estadounidenses mejor pagados a menor coste. La diferencia en los costes laborales es generalizada. Quien diga que esta diferencia no tiene importancia no conoce los hechos. ¿Puede una familia estadounidense vivir con 200 dólares al mes como lo hacen tantas familias del Extremo Oriente y la India?

Sin embargo, como señalé en 1972, más de tres décadas antes de que India, China y Filipinas se convirtieran en una alternativa para las empresas estadounidenses, Estados Unidos está en grave desventaja también por razones fiscales. Por razones fiscales, Estados Unidos tiene un alto coste laboral.

La coalición del Consejo de Productores de Estados Unidos presentó recientemente el problema al Grupo Asesor del Presidente sobre la Reforma Fiscal Federal. Todos los principales socios comerciales de EE.UU., incluidos todos los demás países de la OCDE y China, se basan en impuestos ajustados a la frontera que reducen los impuestos sobre sus exportaciones a EE.UU., mientras que gravan los productos estadounidenses importados desde EE.UU.

Esta discriminación se ve reforzada por el sistema fiscal estadounidense, que no impone ninguna carga fiscal apreciable a los bienes y servicios extranjeros vendidos en Estados Unidos, pero que impone una fuerte carga fiscal a los productores estadounidenses de bienes y servicios, tanto si se venden en Estados Unidos como si se exportan a otros países.

La solución es abandonar el impuesto sobre la renta y sustituirlo por un impuesto sobre el valor añadido o sobre las ventas, o incluso por un arancel o un impuesto a la exportación deducible. Pero los defensores del Nuevo Orden Mundial en el gobierno de Estados Unidos están haciendo todo lo posible para reducir el nivel de vida de los estadounidenses a un nivel mucho más bajo, lo cual es poco probable que se permita.

Los Padres Fundadores basaron los ingresos de EEUU en los aranceles. Los aranceles también ayudaron a Estados Unidos a desarrollar su industria al proteger sus productos de la competencia de productores extranjeros más baratos. George Washington declaró que los aranceles debían mantenerse para proteger las "manufacturas americanas". Pero entonces llegó el presidente socialista internacional Wilson, y su primer acto fue convocar una sesión conjunta de la Cámara y el Senado y dar a conocer su objetivo de destruir el sistema arancelario que había funcionado tan brillantemente hasta su desastroso ascenso a la Casa Blanca.

Los frutos intolerablemente amargos de la presidencia de Wilson siguen activos hoy en día. Un ejemplo es la crisis de los alimentos para mascotas de marzo-abril, que derivó en una grave crisis cuando se extendió a los humanos. El *Chicago Tribune* del 29 de abril de 2007 cubrió esta crisis en un extenso reportaje:

> "Las autoridades de California revelaron que la contaminación había entrado en la cadena alimentaria. Alrededor de 45 residentes del estado comieron carne de

cerdos que consumieron piensos con melamina procedentes de China. La melamina se utiliza para fabricar plásticos, pero también aumenta artificialmente el contenido de proteínas -y, por tanto, el precio- de los glúteos utilizados en los alimentos. Ya fue fatal para algunas mascotas... Se retiraron 57 marcas de comida para gatos y 83 marcas de comida para perros. Además, hubo que destruir 6.000 cerdos porque habían comido pienso contaminado. Se cree que los efectos de la melamina en los seres humanos son mínimos, pero nadie lo sabe realmente. El importador del gluten de trigo malo, Chem-Nutra Inc. de Las Vegas, alega que su fabricante chino añadió ilícitamente melamina al gluten para aumentar el contenido de proteína medible y, por tanto, el precio del envío. "

Aquellos que pensaban que la Administración de Alimentos y Medicamentos (FDA) se encargaría de estos desarrollos estaban, por supuesto, muy equivocados. Pero en un comunicado, la FDA[9] dijo que la "financiación de la seguridad alimentaria" para el Centro de Seguridad Alimentaria de la agencia ha caído de 48 millones de dólares en 2003 a unos 30 millones en 2006.

El empleo a tiempo completo en el Centro se redujo de 950 en 2003 a 820 en 2006. Mientras crecen los casos de gluten de trigo contaminado, la FDA ha tenido conocimiento de otro problema: la proteína de arroz china. Los primeros informes indican que los juguetes contenían pintura con plomo, lo que llevó a una retirada masiva.

El sistema arancelario de los Padres Fundadores fue anulado por Wilson y sus asesores socialistas, especialmente los miembros de la Sociedad Fabiana (antepasados de los actuales neobolcheviques, también conocidos por el término oximorónico de "neoconservadores"), que afirmaban falsamente que los aranceles golpeaban duramente a los pobres mientras beneficiaban a los fabricantes ricos.

---

[9] Administración de Alimentos y Medicamentos.

El impuesto sobre la renta se consideraba una distribución más equitativa de la carga fiscal y el camino hacia una mayor igualdad en la distribución de la renta. Wilson y sus controladores no dijeron al Congreso que se trataba de una doctrina marxista; lo que siguió fue una larga lucha político-ideológica que anuló el sistema arancelario y entregó a la singular clase media estadounidense a la servidumbre.

Hoy en día, la distribución de la renta es más desigual que nunca. Si usted, querido lector, cree que no es un siervo, vea lo que sucede si reclama el producto de su trabajo como su propiedad y se niega a pagar los impuestos sobre la propiedad. Asegúrate de tener un contrato con una buena empresa de mudanzas, otro lugar donde alojarte y un paracaídas antes de saltar al vacío. Lo que se necesita es una vuelta inmediata al sistema de tarifas para aumentar los ingresos, y cuanto antes mejor. ¿Hay algún "corazón valiente" entre el pueblo soberano?

Lo que vimos con la instalación del Banco de la Reserva Federal fue la consolidación del dominio del Comité de los 300 sobre América. Siguió la política exterior estadounidense y las guerras que Estados Unidos libró durante el siglo XX (incluida la guerra hispano-estadounidense de 1898 y la actual llamada guerra contra el terrorismo) consiguieron extender el control del cártel sobre la economía mundial. Sin el establecimiento exitoso de un banco central en los Estados Unidos, nunca habría sido posible librar las guerras que se libraron después de 1912.

Franklin D. Roosevelt dijo a sus colaboradores políticos que quería que su legado fuera el del campeón de los pobres que acabó con la Gran Depresión. Roosevelt se atribuyó el mérito de la creación del sistema de seguridad social, que hizo pasar por una ganancia para el pueblo. Pero no dijo a la mayoría de los estadounidenses cómo se iba a financiar, es decir, mediante un impuesto altamente regresivo sobre sus beneficiarios.

La creación del FSE sigue la misma lógica que la creación de la Reserva Federal en 1914. Esta última, la Reserva Federal, también se creó en respuesta a una crisis: el crack de 1907. La leyenda de Wall Street atribuye al genio y al patriotismo de J.P.

Morgan la salvación de la nación. En realidad, el crack y la depresión resultante permitieron a Morgan destruir a sus competidores, comprar sus activos y, en el proceso, revelar a la nación y al mundo lo poderosos que eran los bancos y Morgan. No todo el mundo estaba agradecido, y algunos exigieron una acción legislativa para poner el crédito federal y el sistema monetario nacional bajo la supervisión y el control públicos.

En una campaña de magistral charlatanería política, la Reserva Federal fue creada en 1912 por una ley del Congreso para hacer precisamente eso. Pero al crearlo como una corporación privada propiedad de los bancos, el Congreso cedió de hecho a los bancos una posición aún más fuerte que la que tenían anteriormente.

Incluso hoy, no se entiende bien que la Reserva Federal es una empresa privada propiedad de los mismos intereses que nominalmente regula. Así, el control del crédito federal y del sistema monetario estadounidense, así como el rico flujo de información privilegiada que se deriva de este control, se oculta a la vista del público y se controla en secreto, lo que explica más bien la naturaleza délfica del Presidente Federal.

El tráfico de drogas: Esclavitud física

Puede parecer extraño pensar en una relación positiva entre el narcotráfico y el mercado de valores, pero considere lo siguiente: a finales de la década de 1990, el Departamento de Justicia de EE.UU. estimó que los ingresos de este comercio que entraban en el sistema bancario de EE.UU. tenían un valor de entre 500.000 y 1.000.000 de dólares al año, es decir, más del 5 al 10% del PIB.

El producto de la delincuencia debe encontrar su camino en los canales legítimos, de lo contrario no tiene ningún valor para sus poseedores. Sin embargo, el impacto del tráfico de drogas en las comunidades y las economías en el punto de venta está poco estudiado. Considere el impacto en los mercados inmobiliarios y los servicios financieros. El sector inmobiliario es un sector atractivo para emplear el exceso de dinero en efectivo procedente

de la venta de drogas porque, como industria, carece totalmente
de regulación con respecto al blanqueo de dinero. Como el dinero
en efectivo es un método de pago aceptable y, en algunos lugares,
familiar, se puede disponer fácilmente de grandes sumas sin
mucho comentario. Esto puede provocar, y de hecho lo hace, una
considerable distorsión de la demanda local y, a su vez, alimenta
la especulación inmobiliaria y el aumento de la demanda de
crédito para financiarla, así como considerables oportunidades de
especulación y fraude.

El poder del gobierno, combinado con los avances en la
tecnología de la información, ha hecho posible en los últimos
treinta años simplificar la gestión de los flujos financieros
nacionales y, por extensión, internacionales.

Desde el punto de vista político, la victoria estadounidense en la
Segunda Guerra Mundial supuso que todo Occidente y sus
dependencias fueran cooptados por el Fondo Monetario
Internacional (FMI) negociado en Bretton Woods en 1944.
Cuarenta y cinco años después, el colapso de la Unión Soviética
en 1989 significó que, por primera vez en la historia, no había
otra opción monetaria o política en el escenario internacional. El
Imperio Británico se había rendido a los estadounidenses
precisamente porque Estados Unidos ofrecía una alternativa a la
libra esterlina, el dólar.

En la actualidad, Estados Unidos preside un sistema monetario
mundial más o menos cerrado, basado en el dólar. En la práctica,
esto significa que los países del sistema deben intercambiar valor
real en forma de recursos naturales como el petróleo y el gas,
productos manufacturados y materias primas con el cártel
estadounidense a cambio de dólares, que no son más que un
asiento contable creado de la nada. Esto es análogo a una empresa
sin activos que intercambia acciones diluidas por dinero en
efectivo, y no es un accidente. Es una técnica favorecida por la
dinastía J.P. Morgan del siglo XIX consiguió financiar la
consolidación de la industria y las finanzas estadounidenses.

Hoy, sus herederos se dedican a hacer lo mismo, pero a escala
mundial. Y todo está ocurriendo a la vista, más allá del escenario

de la conspiración. Gracias a su exclusivo control financiero, Estados Unidos ha podido embarcarse en costosas aventuras militares mundiales cuyo resultado no es nada seguro.

Esto marca la culminación de más de cincuenta años de guerra continua, tanto abierta como encubierta. Se apoya en el aparato financiero más sofisticado de la historia, capaz de movilizar la liquidez generada por una gran variedad de actividades tanto abiertas como encubiertas. El precio ha sido el vaciamiento gradual de la propia economía estadounidense y la erosión progresiva de las libertades civiles y del Estado de Derecho. También será el fin de esta República.

Capítulo 15

Un medio para un fin

¿Quiénes son los planificadores y conspiradores que sirven al poderoso y omnipotente Comité de los 300? Los ciudadanos más informados saben que existe una conspiración y que tiene muchos nombres. Lo que no se reconoce generalmente es que el bien organizado Comité de los 300 ha pasado a lo que el agente del MI6 H.G. Wells llamó la fase de "conspiración abierta". Se podría decir que la conspiración ha logrado su objetivo. El mundo está ahora en la siguiente etapa, lo que yo llamo *"más allá de la conspiración"*.

El siguiente paso puede implementarse porque el pueblo estadounidense está en un estado de profundo shock y está tan bien controlado por la penetración a distancia y el condicionamiento doméstico que ahora acepta cosas que no habría aceptado hace sólo diez años. Como resultado, los conspiradores sienten que pueden salir a la luz. Ya no necesitan esconderse. A la población se le ha lavado tanto el cerebro y se le ha condicionado tanto que casi nunca se considera una "conspiración".

Hoy, en 2007, se trata de una conspiración abierta, con alguien tan importante como el Presidente de los Estados Unidos proclamando abiertamente el advenimiento del nuevo orden mundial, que está deseando.

Este Nuevo Orden Mundial es un trabajo en curso; una forma revisada de Comunismo Internacional, una dictadura brutal y salvaje que sumirá al mundo en la Nueva Edad Oscura. El Plan Davignon, que anuncié por primera vez en Estados Unidos en 1982, está ahora en pleno apogeo; Estados Unidos está a mitad de camino en su conversión a una versión moderna de una sociedad feudal.

Nuestra industria siderúrgica está muerta; y nuestra industria de máquinas-herramienta está muerta. Nuestras entidades manufactureras -fabricantes de calzado, de ropa, de equipos industriales ligeros, de industrias electrónicas- se han exportado a países extranjeros. La granja familiar estadounidense está perdida por los controladores de alimentos en manos de los "300" como Archer Daniels Midland, Nestlé y la Bunge Corporation. El pueblo estadounidense puede ahora ser fácilmente sometido por hambre si surge la necesidad. El líder de esta campaña para establecer un estado totalitario, un Nuevo Orden Mundial dentro de un Gobierno Mundial Único, se está convirtiendo rápidamente en los Estados Unidos de América, un papel que asumió por primera vez cuando el Comité de los 300 nombró a Woodrow Wilson para la Casa Blanca.

En noviembre de 2005, Estados Unidos sufrió el mayor desequilibrio comercial de su historia. Hasta el 85% de los artículos que antes se fabricaban en Estados Unidos se hacen ahora en países extranjeros y se importan a Estados Unidos. Las últimas estadísticas muestran que Ford Motors recortará 30.000 puestos de trabajo y General Motors otros tantos. Estos puestos de trabajo se están perdiendo. No se trata de despidos temporales, sino de puestos de trabajo que desaparecerán y nunca volverán. El pueblo estadounidense ha sido tan condicionado que la mayoría no puede ver que la pérdida récord de puestos de trabajo en el sector manufacturero está directamente relacionada con el mito del "libre comercio" promovido por la Compañía Británica de las Indias Orientales en el siglo 18 .

Cito la profunda declaración del profeta Oseas, que se encuentra en la Biblia cristiana:

> "*Mi pueblo perece por falta de conocimiento*". (La palabra es en realidad "información").

Tanta gente ha leído ya mi presentación sobre el escándalo de la ayuda exterior, en la que nombré a varias organizaciones conspiradoras, que son muchas, que creo que el tema puede quedar excluido de este libro.

Su objetivo final es el derrocamiento de la Constitución de los Estados Unidos y la fusión de este país, elegido por Dios como SU país, con un Nuevo Orden Mundial sin Dios - un gobierno de un solo mundo, que devolverá al mundo a condiciones feudales mucho peores que las que existían durante la Edad Media.

Hablemos de casos concretos, del intento de comunitarización y desindustrialización de Italia. El Comité de los 300 decretó hace tiempo que habría un mundo más pequeño -mucho más pequeño- y mejor, es decir, su idea de lo que constituye un mundo mejor. Las miríadas de lo que Bertrand Russell llamó "comedores inútiles" que consumen recursos naturales limitados están siendo sacrificadas. El progreso industrial favorece el crecimiento de la población. Por lo tanto, hay que subvertir el mandamiento de multiplicar y someter la tierra que se encuentra en el Génesis, destruyendo el mercado de trabajo industrial, única fuente estable de empleo a largo plazo. Esto requiere un ataque frontal al cristianismo, la desintegración lenta pero segura de los estados de las naciones industriales, la destrucción de cientos de millones de personas, designadas por el Comité de los 300 como "población excedente", y la eliminación de cualquier líder que se atreva a oponerse a la planificación global del Comité para lograr los objetivos anteriores.

Tres de los primeros objetivos del Comité fueron Argentina, Italia y Pakistán. Muchos otros estados-nación iban a ser eliminados, como Sudáfrica, Palestina, Serbia e Irak. Hay que desanimar a los Estados-nación y acelerar su desmantelamiento, sobre todo si tienen la ambición de industrializarse.

Para tener una idea de la escala y la omnipresencia de la conspiración del Nuevo Orden Mundial, es apropiado en este punto declarar los objetivos establecidos por el Comité de los 300 para la conquista y el control del mundo. Una vez que se entiende esto, se puede ver cómo un organismo conspirador central es capaz de operar con éxito y por qué ningún poder en la tierra puede resistir su asalto a los fundamentos de un mundo civilizado basado en la libertad del individuo, especialmente como se declara en la Constitución de los Estados Unidos.

> ➤ ¿Cómo surgió el Comité de los 300?

> ➤ ¿Cuál es el origen de su inmensa riqueza y poder?

> ➤ ¿Cómo mantiene el Comité su dominio sobre el mundo, y en particular sobre Estados Unidos y Gran Bretaña?

> ➤ Una de las preguntas más frecuentes es: "¿Cómo puede una sola entidad saber lo que ocurre en todo momento y cómo se ejerce el control? "

La siguiente declaración de Aurellio Peccei, un alto cargo del Comité de los 300, ayuda a entender de dónde vienen los "300":

> *Por primera vez desde la llegada del primer milenio en la cristiandad, grandes masas de personas están realmente en vilo ante el inminente advenimiento de algo desconocido que podría cambiar por completo su destino colectivo... El hombre no sabe cómo ser un hombre verdaderamente moderno. El hombre ha inventado la historia del dragón malvado, pero si alguna vez hubo un dragón malvado, es el propio hombre... Aquí tenemos la paradoja humana: el hombre está atrapado por sus extraordinarias habilidades y logros, como en arenas movedizas. Cuanto más utiliza su poder, más lo necesita.*

> *No debemos cansarnos de repetir lo insensato que es equiparar el profundo estado patológico y de desajuste actual de todo el sistema humano con alguna crisis cíclica o circunstancia pasajera.*

> *Desde que el hombre abrió la caja de Pandora de las nuevas tecnologías, ha sufrido una proliferación humana incontrolada, manía de crecimiento, crisis energéticas, escasez real o potencial de recursos y degradación medioambiental, locura nuclear y un sinfín de aflicciones relacionadas.*

Los recién llegados consideran que el término "Nuevo Orden Mundial" es algo que se desarrolló tras la Guerra del Golfo de 1991, mientras que la idea de un gobierno mundial se reconoce como algo que tiene siglos de antigüedad. De hecho, tiene sus orígenes en la Compañía de las Indias Orientales (BEIC), constituida por la reina Isabel I en 1600 como sociedad anónima. En 1661, Carlos II (el rey Estuardo) dio el visto bueno real a la empresa que concedía, entre otras cosas, el derecho a hacer la guerra y la paz con las naciones.

Esto permitió a la BEIC hacerse con el control total de la India, incluido el lucrativo comercio de opio llevado a cabo en Benarés y el valle del Ganges por los príncipes indios. En 1830, toda la India estaba bajo el control de lo que se había convertido en la Compañía Británica de las Indias Orientales (BEIC). Aquí es donde están las semillas del Nuevo Orden Mundial.

El Nuevo Orden Mundial no es nuevo; ha existido y se ha desarrollado de una forma u otra durante mucho tiempo. Su "padre" fue la London Mercer Company y su abuelo la London Staplers, que puede remontarse a la Liga Hanseática alemana y belga, hasta la India. De estos antecedentes surgió la Compañía de las Indias Orientales, algunos de cuyos miembros de la junta directiva eran comunistas anabaptistas, muchos de los cuales emigraron a Inglaterra.

Durante el periodo colonial, varios anabaptistas destacados emigraron de Inglaterra a Estados Unidos. Todas estas diversas facciones y cultos abrazaron un objetivo común, el establecimiento de un Nuevo Orden Mundial autoritario. Pero incluso hoy, en 2007, se ve como un desarrollo del futuro, que no lo es; el Nuevo Orden Mundial es pasado y presente. Todos los planes de futuro de las instituciones del Comité se basaban en la necesidad de deshacerse de 2.500 millones de "comedores inútiles", parafraseando a Lord Bertrand Russell, uno de los principales portavoces de los "300". Los recursos naturales debían distribuirse bajo los auspicios de la planificación global. Los Estados nación podían aceptar el dominio del Club de Roma o sobrevivir bajo la ley de la selva.

¿Cuáles son los objetivos de los conspiradores secretos de la élite? Este grupo de élite también se llama a sí mismo los *olímpicos,* porque realmente creen que son iguales en poder y estatura a los legendarios dioses del Olimpo. Al igual que Lucifer, su dios, se han colocado por encima del verdadero Dios en la creencia de que son responsables de implementar lo siguiente por derecho divino:

➢ Establecer un gobierno de un solo mundo - el Nuevo Orden Mundial - con una iglesia unificada y un sistema monetario bajo su liderazgo, todas las identidades nacionales y las fronteras nacionales de las naciones y llevar a cabo la destrucción de la religión cristiana.

➢ Establecer la capacidad de controlar a cada persona mediante el control mental y acabar con toda la industrialización y la generación de energía nuclear en lo que llaman "la sociedad postindustrial de crecimiento cero".

➢ Las industrias informáticas y de servicios estarán exentas. Las industrias estadounidenses restantes se exportarían a países como México y el Lejano Oriente, donde abunda la mano de obra esclava. Como vimos en 1993, esto se convirtió en un hecho con la adopción del Tratado de Libre Comercio de América del Norte, conocido como TLCAN. El libre comercio iba a ser la norma en el futuro.

➢ Suprimir todos los avances científicos excepto los que el Comité considere beneficiosos. La energía nuclear con fines pacíficos es un objetivo especial.

➢ El colapso de las economías mundiales y el establecimiento de un caos político total. Tomar el control de todas las políticas exteriores e interiores de EE.UU. y dar pleno apoyo a instituciones supranacionales como las Naciones Unidas, el Fondo Monetario Internacional, el Banco de Pagos Internacionales y el Tribunal Mundial, con el fin de sustituir y socavar la Constitución de EE.UU. antes de abolirla por completo.

➢ Penetrar y subvertir todos los gobiernos, y trabajar dentro de ellos para destruir la integridad soberana de las naciones que representan, bajo el pretexto de difundir la "democracia" como baluarte contra el terrorismo.

> Organizar un aparato terrorista mundial y negociar con los gobiernos legales su rendición allí donde se realicen actividades terroristas, permitiendo a EEUU establecer bases militares permanentes en estos países.

> Tomar el control de la educación en Estados Unidos con la intención y el propósito de destruirla por completo a través del "cambio progresivo" en los planes de estudio y los métodos de enseñanza. En 1993, la fuerza y el efecto de esta política se estaban haciendo evidentes, y serán aún más destructivos cuando las escuelas primarias y secundarias comiencen a impartir la "educación basada en los resultados" (EFC).

En el mejor de los casos, desde la escuela, el estadounidense medio sabe que Estados Unidos tiene una historia de 250 años, pero sólo en el sentido más tenue y sin detalles. Su conocimiento de la Constitución es mínimo. Ignora por completo que incidentes y "accidentes" de la historia aparentemente no relacionados entre sí, están de hecho estrechamente relacionados y fueron concebidos y provocados por una fuerza oculta; la Revolución Francesa instigada por dos logias masónicas; el ascenso de Napoleón y las guerras napoleónicas, controladas por los Rothschild; el "accidente" de la brutal y salvaje Primera Guerra Mundial, la cuidadosamente planificada revolución bolchevique y el ascenso del comunismo. Esto no tiene nada que ver con la historia que le enseñaron en la escuela, que eran eventos no relacionados. Le enseñaron que los grandes acontecimientos de la historia del mundo, incluido el de Estados Unidos, surgieron de la nada y aparecieron de repente como por arte de magia. No hubo ni una sola ocasión en la que se le enseñara que estos acontecimientos que sacuden la tierra fueron creados y canalizados con gran precisión y manipulados para lograr objetivos preestablecidos. La gran conspiración nunca se le ha revelado, y si se menciona, se ridiculiza como pensamiento de chiflados.

La educación controlada no permite este tipo de estudios. Es un tabú. La naturaleza del derecho contractual le es desconocida. Especialmente los contratos políticos conocidos como "tratados" que, se le dice, "son la ley de la tierra". Pocos abogados entienden que esto no es así y por eso los estadounidenses creemos que los acontecimientos simplemente se producen desde el vacío.

Si tuviera el privilegio de entrar en el gran depósito de conocimientos que es el Museo Británico y pasar dos años leyendo con la intención de estudiar los números atrasados de los grandes periódicos de Gran Bretaña y Estados Unidos, el *New York Times*, el *London Times*, el *Telegraph* desde finales de la década de 1890, así como las revistas *Punch* y *The New Yorker* desde la década de 1900, se sentiría consternado al encontrarse con un formato político casi idéntico al del *New York Times*, el *Washington Post* y el *London Times* en 2005.

Se sorprendería aún más al descubrir que estaba leyendo los mismos tópicos que acababa de leer en los números atrasados y que eran notablemente similares en diseño y contexto, ya que predicaban el mensaje del comunismo, el nuevo orden mundial y el gobierno único.

El lenguaje era un poco diferente, las personalidades cambiaron a lo largo de los años, pero el contenido y la dirección de la propaganda eran los mismos. Si cerrara los ojos y reflexionara sobre el periódico de 1910 que tenía en sus manos, vería que se parecía, de forma notable e inequívoca, a las noticias de 2007. Se vería obligado a llegar a la ineludible conclusión de que la intención y el propósito era establecer primero el socialismo y luego el comunismo como sistemas de un Nuevo Orden Mundial. Para que haya tal consistencia inequívoca, debe haber un alto grado de certeza de que ciertos individuos de alto rango y sus entidades deben controlar los eventos mundiales y los eventos en su propio país, los Estados Unidos de América. Al profundizar en la historia colonial de Gran Bretaña, podría incluso encontrar el nombre de la Compañía Británica de las Indias Orientales como un grupo de poder de élite capaz de organizar una asombrosa serie de grandes acontecimientos políticos.

Establecer el socialismo en los Estados Unidos con el objetivo de anular las constituciones estatales y federales

Uno de los acontecimientos sorprendentes gestionados por la Compañía Británica de las Indias Orientales fue el establecimiento del socialismo como sistema político. Uno de los productos de la Compañía de las Indias Orientales fue la Sociedad Fabiana (Socialista) de Londres. Sus líderes, Beatrice y Sydney Webb, Annie Besant, G.D.H. Cole, Ramsey McDonald, Bertrand Russell y H.G. Wells, Thomas Davidson y Henry George, cuya madre pertenecía a la familia Pratt del establishment liberal estadounidense de Filadelfia, debían su posición a "la Compañía". La familia Pratt estaba estrechamente vinculada al "comercio" de la Compañía de las Indias Orientales con la India y tenía una importante participación en el imperio Rockefeller Standard Oil.

Beatrice y Sydney Webb fundaron en 1895 la London School of Economics, por la que han pasado algunas de las figuras más importantes de la política, la empresa y el gobierno británicos y estadounidenses. Entre los ex alumnos más destacados se encuentra David Rockefeller, ex presidente del National Republican Club, presidente de la Rockefeller Standard Oil Company y principal financiador del infame Institute for Pacific Relations (IPR), una escisión de la British East India Company, del Comité de los 300 que financió el ataque japonés a Pearl Harbor el 7 de diciembre de 1941. También fue mentor de George Herbert Walker Bush y John F. Kennedy.

Beatrice Webb, la socia dominante del bufete, es interesante. Es una de las tres hijas de Richard Potter, un acaudalado magnate del ferrocarril profundamente implicado en el ocultismo, y vivía en casa de su padre cuando conoció a Sidney Webb. Su hermana Theresa se casó con Sir Alfred Cripps, del gobierno laborista de Ramsay McDonald, y la tercera hermana, Georgina, se casó con Daniel Meinertzhagen, un banquero afiliado a la Compañía de las Indias Orientales.

Richard Potter estaba profundamente impregnado de teorías y prácticas ocultistas y se cree que es el personaje central de la novela infantil de magia *Harry Potter*, que recientemente "salió de la nada" para convertirse en un éxito arrollador, pero que ahora sabemos que fue uno de los cuentos de Richard Potter reelaborado por el Instituto Tavistock y luego entregado a Joanne K. Rowling para "escribirlo".

Muchos de sus objetivos, que enumeré por primera vez en 1991, se han logrado desde entonces o están en proceso de lograrse. En los programas del Comité de los 300 resulta especialmente interesante el núcleo de su política económica, que se basa en gran medida en las enseñanzas de Malthus, hijo de un clérigo inglés que fue catapultado a la fama por la Compañía Británica de las Indias Orientales (BEIC), en la que se inspira el Comité de los 300).

El origen del nuevo orden mundial: la Compañía de las Indias Orientales y su sucesora, la Compañía Británica de las Indias Orientales.

La Compañía de las Indias Orientales (EIC) se fundó en 1606, durante los últimos años de la reina Isabel I, la última monarca Tudor. Sus hombres fueron enviados a la India para establecer buenas relaciones en la búsqueda del comercio con los mogoles y los príncipes, sus comerciantes y banqueros, siguiendo los pasos de la Compañía Levantina de Venecia. Era el patriarca de la élite del poder, una especie de "familia real" formada por el gremio de traperos de Londres y su descendiente, la London Mercers Company. Estos gremios de monopolio comercial de "familia real" estaban arraigados en Venecia y Génova entre las antiguas familias bancarias de la nobleza negra.

En 1661, Carlos II de los Estuardo concedió a la Compañía de las Indias Orientales una carta de gran alcance que permitía a la EIC hacer la guerra, celebrar tratados de paz y forjar alianzas con los banqueros principescos y las élites mercantiles de la India.

No es seguro que el Imperio mogol se haya desmoronado a causa de las actividades de la Compañía de las Indias Orientales, pero los historiadores suponen que no hizo nada para evitar el fin del imperio en 1700. El EIC tardó 130 años en someter a casi todo el subcontinente indio. Durante este periodo, la compañía pasó por disensiones y una escisión, seguida de una unificación como Compañía Unida de las Indias Orientales y luego como Compañía Británica de las Indias Orientales (BEIC).

Una de las lecciones más importantes que las Indias Orientales aprendieron de los banqueros fue el concepto de banca de reserva fraccionaria, tal como se practicaría en Europa y Estados Unidos. Se introdujo en Inglaterra en 1625. Los indios pudieron acceder a los secretos de la banca en la India y enviar a Londres todos los detalles de cómo funcionó el sistema durante siglos en la India y cómo lo copiaron los babilonios.

Junto con el auge de la poderosa compañía, surgieron las familias "300", entre las que se encuentran Churchill, Russell, Montague, Bentham, Thomas Papillon y Bedford. En Estados Unidos, fueron las familias Delano, Mellon, Handiside Perkins, Russell y Colin Campbell las que prosperaron con el EIC y su comercio de opio desde la India.

Uno de los miembros más importantes de la Compañía de las Indias Orientales fue Jeremy Bentham, el "hacedor de reyes" de la misma. Bentham fue el líder de los *radicales filosóficos* prefabianos y fue la primera persona que se manifestó abiertamente a favor de un gobierno mundial. Sus ideas se formularon en lo que hoy se denomina "filosofía del utilitarismo".

Bentham dirigió la Compañía Británica de las Indias Orientales desde 1782. Owen se fue a Estados Unidos para fundar el socialismo en New Harmony, en el río Wabash. Al parecer, la palabra "socialismo" como credo político se utilizó por primera vez de este modo en 1830.

Robert Owen desempeñó un importante papel en la evolución de la política estadounidense. Junto con Francis Wright, recorrieron Estados Unidos predicando el amor libre, el ateísmo, la abolición de la esclavitud (en colaboración con los "Seis Secretos") y fundaron la que probablemente sea la primera institución socialista, el *Workingman's Party* en Nueva York en 1829. Es importante que el lector entienda que la misión de Owen era realizar el programa "300" para Estados Unidos:

➢ Establecer el socialismo como precursor del comunismo.

➢ Destruir la familia como unidad predicando la "igualdad de derechos" para las mujeres y provocando la división entre los miembros de la familia.

➢ Crear "internados" para separar a los niños de sus padres durante largos periodos.

➢ Hacer del "amor libre" una norma aceptada con el aborto, "para librarse de un inconveniente" si es necesario.

➢ Establecer un movimiento que impulse la amalgama de razas en una única población mundial.

➢ Para establecer secreta y clandestinamente la Sociedad Luciferina. Más tarde, el profesor Arnold Toynbee sería el jefe de esta sociedad tan secreta, tanto en Inglaterra como en Estados Unidos.

A Owen no le gustaban las Constituciones de los Estados Unidos y de los Estados, y trabajó con el hijo de John Quincy Adam, Charles Francis Adams, para crear el precursor de la Comisión Federal de Comercio Interestatal.

En 1808, James Mill conoció a Jeremy Bentham y ambos se hicieron muy amigos. En 1811 se asoció con Robert Owen. En 1819, Mills fue admitido en la secretaría de la Compañía de las Indias Orientales.

La importancia de este nombramiento no debe pasarse por alto. Ya entonces, la Compañía Británica de las Indias Orientales controlaba prácticamente todo el subcontinente indio y desempeñaba un papel destacado en el lucrativo comercio del opio en China, utilizando el opio procedente de las amapolas cultivadas en los fértiles campos del valle del Ganges y Benarés.

Los beneficios eran asombrosos, incluso para los estándares actuales, mientras que el coste del producto era insignificante.

Más tarde, Mills fue ascendido a jefe de la Secretaría y se encontró así a la cabeza de un vasto imperio, político, judicial y financiero, con enormes cantidades de dinero que gestionar. Estaba a cargo de la *"Corte de Directores"*, los principales hombres que daban forma a las políticas que afectaban a todo el mundo en ese momento, incluidos los Estados Unidos y Rusia. Sus teorías económicas encontraron el favor de muchos sectores, sobre todo de David Ricardo, que formuló la *teoría de las rentas* que se convirtió en doctrina marxista estándar. Su hijo, John Stuart Mill, le sucedió al frente de la secretaría, un puesto de poder e influencia que mantuvo hasta que el gobierno británico se hizo cargo de la parte política de la empresa, que se convirtió oficialmente en la Compañía Británica de las Indias Orientales (BEIC).

En 1859, el BEIC alcanzó la cima de su inmenso poder siguiendo la política de John Stuart Mill de que, para que hubiera una estabilidad duradera, era necesario un poder absoluto en manos de los más sabios. El poder y la sabiduría coinciden, esta es la doctrina de la Compañía de las Indias Orientales - y de los radicales filosóficos también.

A partir de 1859, las Indias Orientales británicas controlan el gobierno británico y ejercen una gran influencia en los asuntos mundiales. Estados Unidos era su preocupación constante, ya que el tamaño y la diversidad del país dificultaban su control. De hecho, se podía ver que el BEIC había tomado el control de todos los aspectos de la vida en el país. Mientras que los radicales filosóficos habían podido conseguir gran parte de los objetivos de la Compañía de las Indias Orientales, Estados Unidos presentaba un reto más complejo, principalmente debido a las constituciones estatales y federales.

Como he dicho tantas veces, nos han engañado haciéndonos creer que el problema del que hablo empezó en Moscú, cuando en realidad empezó en la izquierda radical, entre los husitas y los anabaptistas, muchos de cuyos líderes emigraron a Estados

Unidos. A los estadounidenses les han lavado el cerebro para que piensen que el comunismo es el mayor peligro al que nos enfrentamos. Esto no es así. El mayor peligro proviene de la masa de traidores que hay entre nosotros. Nuestra Constitución nos advierte que debemos tener cuidado con el enemigo dentro de nuestras fronteras.

Estos enemigos son los servidores del Comité de los 300 que ocupan altos cargos en nuestra estructura gubernamental. Es en los Estados Unidos donde debemos comenzar nuestra lucha para hacer retroceder la marea que amenaza con engullirnos, y donde debemos encontrar y derrotar a estos traidores dentro de nuestras puertas nacionales. Pero es una tarea difícil. Los defensores de un gobierno mundial y de un nuevo orden mundial han reducido al pueblo estadounidense a un pueblo condicionado por las palabras. El pueblo estadounidense se ha convertido en una nación de personas condicionadas y adoctrinadas que, a diferencia de sus antepasados, están listas y dispuestas a aceptar la "autoridad".

Hemos visto el ascenso de elementos neobolcheviques incrustados en el Partido Republicano, supuestamente un partido conservador. Pero bajo el liderazgo del presidente George W. Bush, un candidato a la presidencia elegido por los "300", hemos visto cómo Estados Unidos se ha transformado en una potencia beligerante que intenta imponer la voluntad de los "300" al mundo. El Club de Roma creó la guerra de 25 años en El Salvador como parte del plan más amplio elaborado por Elliot Abrams, del Departamento de Estado estadounidense.

Si en Estados Unidos tuviéramos estadistas y no políticos dirigiendo el país, las cosas serían muy diferentes. En su lugar, tenemos a agentes de Tavistock como Bernard Levin escribiendo documentos de acondicionamiento mental de Tavistock, que se venden como filosofía en las publicaciones del Club de Roma sobre cómo quebrar la moral de las naciones y de los líderes individuales.

He aquí un extracto de uno de los artículos de Levine:

> *Una de las principales técnicas para romper la moral a*

través de una estrategia de terror es exactamente esta táctica: mantener a la persona en la oscuridad sobre su posición y lo que puede esperar.

Además, si la frecuente vacilación entre las duras medidas disciplinarias y las promesas de buen trato, así como la difusión de noticias contradictorias, hace que la estructura de la situación sea poco clara, el individuo puede dejar de saber si un plan concreto le llevaría hacia la meta o la alejaría. En estas condiciones, incluso las personas que tienen objetivos claros y están dispuestas a asumir riesgos se ven paralizadas por el grave conflicto interno que existe entre ellas.

Este proyecto del Club de Roma se aplica tanto a los países como a los individuos, y especialmente a los líderes gubernamentales de esos países. En Estados Unidos no tenemos que pensar: "Oh, esto es América y estas cosas no pasan aquí". Permítame asegurarle que sí ocurren en Estados Unidos, quizás más que en cualquier otro país.

La forma en que el ex presidente Richard Nixon fue obligado a abandonar su cargo es típica de la metodología de Levin. Si Nixon no hubiera estado desmoralizado y desorientado, y si hubiera aguantado, nunca podría haber sido destituido. El plan de Levin y del Club de Roma está diseñado para desmoralizarnos a todos, para que al final pensemos que tenemos que seguir lo que se nos plantea. Seguiremos las órdenes del Club de Roma, como ovejas. Cualquier líder aparentemente fuerte que aparezca de repente para "salvar" a la nación debe ser mirado con la mayor sospecha.

Con los Estados Unidos espiritual y moralmente en bancarrota, con nuestra base industrial destruida, dejando a 40 millones de personas sin trabajo, con nuestras principales ciudades convertidas en un horrible pozo negro de todos los crímenes imaginables, con una tasa de asesinatos casi tres veces superior a la de cualquier otro país, con 4 millones de personas sin hogar, con la corrupción gubernamental alcanzando proporciones endémicas, ¿quién va a discutir que los Estados Unidos están listos para colapsar desde dentro, en los brazos del nuevo gobierno mundial de la edad oscura?

¿Podría haber algo más aterrador o peligrosamente siniestro?

Otros miembros del Club de Roma en Estados Unidos eran Walter A. Hahn, del Servicio de Investigación del Congreso, Ann Cheatham y Douglas Ross, ambos economistas de alto nivel. Hahn, del Servicio de Investigación del Congreso, Ann Cheatham y Douglas Ross, ambos economistas senior. La tarea de Ross, según sus propias palabras, era "traducir las perspectivas del Club de Roma en legislación para ayudar al país a desprenderse de la ilusión de la abundancia". Ann Cheatham era la directora de una organización llamada Cámara de Compensación del Congreso para el Futuro.

De vez en cuando, el Club de Roma organiza reuniones y conferencias que, por presentarse bajo títulos inocuos, parecen no suponer una amenaza para nuestro país. En estas reuniones se forman comités de acción y a cada uno de ellos se le asigna una tarea específica y una fecha límite para cumplir su misión. El TLCAN y el Acuerdo Mundial de Comercio fueron dos de esos proyectos. Como dije en 1981, estamos preparados, política, social y económicamente, para seguir encerrados en los planes del Club de Roma. Todo está amañado contra el pueblo estadounidense.

Si queremos sobrevivir, primero debemos romper el dominio del Comité sobre nuestro gobierno. En todas las elecciones desde que Calvin Coolidge se presentó a la Casa Blanca, el Comité ha podido colocar a sus agentes en puestos clave del gobierno, por lo que no importa quién consiga el puesto en la Casa Blanca.

La prueba de la existencia del Comité de los 300 es algo que me piden a menudo: Walter Rathenau, un destacado político socialista y asesor financiero de los Rothschild -y uno puede imaginar lo poderoso que debía ser Rathenau- escribió un artículo en la Wiener Press, que lo publicó el 24 de diciembre de 1921.

En el artículo citado por el *Comité de los 300,* Rathenau hace este sorprendente comentario:

> *Sólo trescientos hombres, cada uno de los cuales conoce a todos los demás, rigen el destino de Europa. Eligen a sus sucesores de su propio círculo. Estos hombres tienen en sus manos los medios para acabar con la forma de Estado que consideran irracional.*

Exactamente seis meses después, el 24 de junio de 1922, Rathenau fue asesinado por su indiscreción. Hace cien años esto no podría haber ocurrido, pero hoy en día ha sucedido y es poco comentado. Hemos sucumbido a la guerra de penetración de largo alcance emprendida contra esta nación por Tavistock. Al igual que la nación alemana, derrotada por la iniciativa de bombardeo de la aseguradora Prudential, un número suficiente de nosotros ha sucumbido para convertir a esta nación en el tipo de régimen totalitario del pasado que sólo se habría previsto en sus sueños. "Aquí", decían, "hay una nación, una de las más grandes del mundo, que no quiere la verdad. Podemos prescindir de todas nuestras agencias de propaganda. No tenemos que esforzarnos por ocultar la verdad a esta nación; la ha rechazado voluntariamente por sí misma. Esta nación es un repulsor".

Esto se proclama abiertamente en los concilios y foros mundiales como el fin de la vieja era y el comienzo de un estado del ser, que está más allá de la conspiración.

Este es el mundo proclamado por H.G. Wells, lo que él llamó *la Nueva República*. Esta Nueva República está ahora más allá de la Conspiración y está dirigida por los controladores estadounidenses especialmente seleccionados del Comité de los 300 sobre los que no tenemos ningún control.

Capítulo 16

Guerra y papel moneda

L a lucha de la posguerra para canjear 550 millones de dólares en billetes verdes, vendidos por 250 millones de dólares en oro, forma parte de la historia, pero está fuera del alcance de esta investigación. Así, el papel moneda se convirtió en el instrumento de la guerra, y la tiranía recuperó su posición en el continente americano. La victoria de 1776 se invirtió.

Volviendo a Patterson y King William, al ser un lector inteligente, hará preguntas. Patterson, se dirá, proporcionó los medios para hacer circular el papel moneda parcialmente asegurado, pero ¿quién proporcionó los bienes reales necesarios para luchar en la guerra? Esa es una buena pregunta. La respuesta es la siguiente: el mismo pueblo que se negó a pagar la guerra mediante el aumento de los impuestos directos, proporcionó ahora el crédito y las armas, mediante el ardid del papel moneda, permitiendo que el rey Guillermo se apoderara de sus propiedades mediante un subterfugio, que al mismo tiempo depreciaba el valor de su dinero. Sus súbditos no recibieron una factura real por el coste de la guerra, que se les ocultó, pero pagaron el coste de la guerra de todos modos.

Esto es exactamente lo que ocurre cada vez que Estados Unidos entra en guerra. Nunca se nos dice cuánto cuesta la guerra, y como el gobierno no se atreve a arriesgarse a una revuelta, la guerra se financia con impuestos indirectos, es decir, con papel moneda, papel moneda sin garantía, impreso en cantidades cada vez mayores sin ninguna seguridad. También se priva al pueblo inglés de su derecho a debatir estas cuestiones. Esto sigue ocurriendo hoy en día, especialmente cuando se introduce la propaganda. En esos momentos, cuando la propaganda se impone, el debate razonado se deja de lado y las emociones se disparan. Casi todas las escuelas y universidades estadounidenses enseñan que Estados Unidos fue a la guerra dos veces en los últimos años para preservar la democracia, y porque la libertad de Estados Unidos estaba amenazada por Alemania.

Nunca se explicó cómo una nación de sólo 95 millones de personas, demográficamente limitada y con pocos recursos naturales, podía esperar alcanzar sus supuestos objetivos.

Al parecer, no había suficientes personas dispuestas a formular la pregunta. Estados Unidos se ha convertido en víctima de la inteligente propaganda de los think tanks del Royal Institute for International Affairs y del Tavistock Institute.

Alemania no fue el agresor ni en la Primera ni en la Segunda Guerra Mundial. Objeción, se crearon tratados como el de Gran Bretaña y Checoslovaquia para asegurar que la guerra tuviera lugar.

En el caso de Estados Unidos, la guerra fue asegurada por el incidente del Lusitania, del que se culpó a Alemania. Y en el caso de la Segunda Guerra Mundial, fue Pearl Harbor. Es sorprendente que los conspiradores pudieran salirse con la suya con una propaganda tan descarada, pero vimos cosas peores en Vietnam. Así que tal vez no sea demasiado difícil entender cómo Estados Unidos sucumbió a la propaganda masiva, que arrastró al país a dos guerras mundiales.

Hemos visto lo mismo en Corea y Vietnam; y está ocurriendo ahora, ante nuestros ojos, en América Central, los Balcanes, África y Oriente Medio, incluido Iraq. Desde la Guerra Civil, los agentes de los Rothschild, que también eran agentes de la nobleza negra, se esforzaron por establecer un banco central en los Estados Unidos. No tenían intención de dejar que un patriota como Andrew Jackson se interpusiera en su camino. Para el público justo antes de 1905, esto era un asunto oscuro porque no se entendía, y la gente no comprendía que afectaría profundamente a cada alma viviente en América si los agentes de

Rothschild se salían con la suya.

En 1905, J.P. Morgan planeó una pequeña depresión en la economía estadounidense, para que el pueblo exigiera protección contra cualquier depresión futura mediante la creación de un Banco Central, que según Morgan era necesario para proteger al "pueblo humilde" de las depresiones. J. P. Morgan, agente fiscal de varios países europeos, un hecho revelado por el gran Louis T. McFadden, desencadenó entonces la depresión que había planeado en 1907, y sembró el pánico en la población para que exigiera un Banco Central que la protegiera. Las depresiones son causadas con el único propósito de transferir la riqueza no ganada de la gente que la creó, a la aristocracia bancaria parasitaria que no la ganó.

El proyecto de ley de Aldrich fue rechazado inicialmente, ya que el público consideraba que Aldrich estaba demasiado en el bolsillo de Belmont. Pero los promotores del proyecto de ley perseveraron hasta conseguirlo. Con la pérdida de libertad que supuso el nuevo Banco de la Reserva Federal, se preparó el escenario para una explosión de la oferta de papel moneda, no a través de la reserva fraccionaria o de los préstamos comerciales normales; eso era demasiado lento, sino a través de los medios que permitieran a Estados Unidos entrar en la guerra, que había comenzado en 1914. Aunque el público nunca se dio cuenta de lo que estaban haciendo los banqueros, varios miembros del Congreso sí lo hicieron y atacaron a Morgan y Warburg. Hombres como los congresistas LaFollette y Lundeen incluyeron a Rockefeller en sus críticas.

Esto está en el *Registro del Congreso,* Volumen 55, páginas 365-372, 5 de abril de 1917:

> *En 1917, Morgan había lanzado enormes préstamos, que pensó que estarían asegurados por la entrada de Estados Unidos en la guerra dentro de dos años. (Tenía razón en su cálculo). Morgan estaba rodeado de admiradores de los aristócratas y las familias feudales de Europa y América. Uno de ellos fue Herbert Crowley, un verdadero amante de la aristocracia medieval. Morgan conocía el poder de la*

---

*prensa y la utilizó como su máquina personal de propaganda
para crear una atmósfera histérica antialemana. Según el
diputado Calloway, Morgan se hizo con el control de los
periódicos más influyentes comprándolos con papel de bonos
sin garantía. Los dotó de 12 empleados suyos que estaban
más interesados en perjudicar a América que en servirla.
Estos influyentes periódicos se convirtieron entonces en
meras fábricas de propaganda. El debate razonado huyó. La
histeria la sustituyó; el pequeño movimiento pacifista se vio
desbordado.*

La Revolución Americana cambió todo eso. Dirigió la hostilidad
del pueblo hacia el objetivo correcto, los aristócratas, y rompió
su dominio sobre este país. Desgraciadamente, los mismos
colonos, o debería decir sus descendientes, no vieron tan
claramente la esclavitud que había detrás de la Reserva Federal;
para ellos era una cuestión oscura, y así lo que se ganó en 1776
se perdió por defecto en 1913. La aristocracia secreta, advertida
por Jefferson, impuso su yugo de servidumbre al pueblo
estadounidense con la aprobación de la Ley de la Reserva Federal
de 1913. La fecha no fue casual; estaba justo al borde de su
calendario de guerra, que se declaró en 1914. Sin el papel
moneda "creado" por el banco central, no habría habido guerra
mundial.

La aristocracia oculta vive de la explotación de los productores
de la riqueza real, el pueblo, y de la transferencia de la riqueza
producida por los trabajadores a sí misma mediante diversas
artimañas, viviendo así, en efecto, como parásitos del pueblo. De
hecho, es casi el mismo sistema que empleaba la aristocracia
abierta de la Edad Media, cuando los señores feudales ataban a
los campesinos a la tierra, para poder robarles el fruto de su
trabajo, y también tomar a sus esposas por la fuerza, ya que veían
la vida de los campesinos como algo barato y explotable, no más
posesiones. Los aristócratas de Estados Unidos también ven la
vida de la gente como algo barato. ¿Acaso millones de nuestros
hombres no dieron su vida luchando en dos guerras mundiales?
La única diferencia es que nuestros señores feudales, los
Marshalls, Harrimans, Mellons, Fields, Pratts, Stillmans,

Aldrichs, Rockefellers, Cabot Lodges, Guggenheimers, Kuhn Loebs, Morgans, Warburgs, etc., son aristócratas ocultos, mientras que sus homólogos europeos son aristócratas abiertos. Esto no se aplicaba a la Unión Soviética, donde los aristócratas que dirigían el país eran de hecho aristócratas ocultos, aunque se llamaran a sí mismos el Politburó, los comunistas, etc.

La aristocracia abierta es un estado declarado públicamente, mientras que la aristocracia secreta opera en la clandestinidad, que es como se gobierna la mayor parte del mundo hoy en 2007.

La verdadera democracia no existe, ya que a la mayoría de las personas del mundo, incluida América, no se les permite conservar el fruto de su trabajo. Se les niega por una variedad de métodos antidemocráticos, y luego se transfiere a la clandestinidad o a la aristocracia abierta.

Para ser un aristócrata se necesita una gran riqueza, que debe ganarse, pues un parásito nunca trabaja. Y el papel moneda ha demostrado ser una bendición para esta clase, ya que permite la transferencia constante de la riqueza ganada por el pueblo. Cuando la situación se deteriora, se crean guerras para acelerar el proceso de transferencia. Así, sin tener en cuenta el sufrimiento que causaron, los nobles señores de América enviaron a millones de estadounidenses a la muerte en las dos guerras mundiales, no sólo para enriquecerse y consolidar su poder, sino también para deshacerse de lo que consideraban un exceso de población.

Si el gobierno de la época se hubiera visto obligado a recurrir a un aumento drástico de los impuestos directos para pagar la guerra, el celo por la guerra se habría frenado inmediatamente. Pero con el mecanismo proporcionado por la Reserva Federal, no había necesidad de decirle al pueblo que estaba siendo llevado al desastre. El entusiasmo por la guerra fue alimentado por expertos bien formados del Royal Institute for International Affairs y de Tavistock enviados para hacer el trabajo. Contra estas organizaciones, la población no tenía ninguna defensa. Cualquier líder nacional, como Charles Lindbergh, que se diera cuenta de todo el sucio asunto fue inmediatamente neutralizado; su audacia le costó el secuestro y la muerte de su hijo pequeño.

Cuando se desata la histeria de la guerra, los hombres pierden toda la razón. La capacidad de debatir cuestiones se pierde en un torrente de patriotismo inducido, las cuestiones se deciden en base a la emoción y los principios de libertad y justicia se abandonan por el supuesto bien de la nación.

Las canciones patrióticas, el ondear de la bandera y la música marcial sustituyen al juicio cuidadoso. Si fuera posible llamar la atención de la población en un momento de histeria colectiva inducida por la guerra, entonces podríamos teóricamente tocar el gran tambor del coste oculto de la guerra y eliminar la cortina de humo del papel moneda, y señalar que el poder de devaluar nuestra moneda en beneficio de unos pocos pertenece a los mismos que están agitando la guerra. Podríamos explicar que el objetivo de la guerra es enriquecer a los aristócratas atrincherados en su posición de poder absoluto. Incluso podríamos demostrar que la guerra no es por el bien de la nación, y que los banqueros no tienen el monopolio del patriotismo.

Incluso podríamos explicar la relación entre el papel moneda y las guerras de las que los banqueros obtienen enormes beneficios. Podríamos demostrar que al agregar la riqueza en sus manos, los aristócratas son de hecho los enemigos de la libertad, no sus defensores, y que son tan malos, si no peores, que los comunistas, porque la riqueza que han agregado para sí mismos nunca se capitaliza para producir más riqueza para el bien de la nación. Desde este punto de vista, podríamos demostrar que se pide al pueblo que vaya a la guerra en defensa de un principio anticristiano, el del falso capitalismo. El principio correcto de nuestro republicanismo es el capitalismo cristiano, que no tiene nada en común con el socialismo.

Mi mensaje es muy diferente de la horrible cacofonía de silbidos, cacareos y gritos que pasan por "noticias" en las pantallas de televisión cada noche. Nosotros, el pueblo, ya no somos soberanos porque permitimos que nuestros representantes en el Congreso cedieran nuestra soberanía en 1913 a un grupo de hombres sin rostro que están en desacuerdo con nuestra República; hombres que nos ven como campesinos prescindibles. No es de extrañar que Oseas dijera que perecemos por falta de conocimiento. Nuestro pueblo no sabía lo que era el Sistema de la Reserva Federal en 1913, y la mayoría de nosotros sigue sin saberlo hoy.

Está claro que la victoria de los colonos en 1776 se vio anulada por la proliferación de grandes cantidades de papel moneda parcial o totalmente inseguro, del que existen tres tipos:

➢ El banquero tiene derecho a emitir más papel del que tiene oro u otra riqueza real para respaldarlo completamente.

➢ Donde los bancos centrales prestan oro a los bancos pequeños en tiempos de crisis.

➢ La moneda de curso legal, que elimina la escala de medida del oro (las escalas mantienen la honestidad de las personas y las naciones) y la sustituye por el papel de curso legal, que no está respaldado por nada, ni siquiera por una promesa de pago en dinero real. No es dinero, pero el gobierno dice que tenemos que aceptarlo como tal, y así lo hacemos. Si dejáramos de aceptar el papel moneda, sería imposible iniciar guerras sin nuevos y pesados impuestos.

➢ La proliferación del papel moneda se produce porque no se basa en una base fija, como el oro, sino en una base de papel moneda en constante expansión, un auténtico globo de papel. En general, todos estos métodos se han utilizado para financiar guerras en el pasado y cuanto más proliferaba el globo, más duraban las guerras. Por el contrario, en cuanto un país volvía a una moneda metálica o respaldada por oro, las guerras terminaban rápidamente. El dinero en efectivo es una gran cura para la guerra. Si no hay dinero real, no hay guerra sin un enorme impuesto directo recaudado con riesgo de rebelión.

Estados Unidos fue verdaderamente libre durante un tiempo, gracias al genio de Thomas Jefferson, que vio cómo el mundo entraba en un periodo de esclavitud bajo la apariencia de aristocracia. Comprendió el papel del papel moneda y entendió el papel que se pretende dar a los bancos centrales. Sabía que el papel moneda es una licencia para robar, y que un banco central no es más que el mecanismo por el que se emite y amplía groseramente esta licencia. También sabía que el papel moneda sin garantía es sinónimo de esclavitud.

Cuando se roba a un hombre, y éste no puede hacer nada, ¡eso es esclavitud! Jefferson vio que las propuestas de los aristócratas de crear un banco central eran un refrito del control de los nobles sobre los campesinos en la Edad Media.

El presidente Andrew Jackson continuó la amarga lucha por abolir el banco central, lo que consiguió a pesar de todos los obstáculos. Estados Unidos entró en un periodo de rápida expansión económica, dando la razón a Jefferson y Jackson. La nación americana se había liberado del yugo del parásito; era libre de producir tanta riqueza real como su talento le permitiera, pero lo más importante es que se le permitía conservar los frutos de su trabajo. Todo eso cambió con la promulgación de la Ley del Sistema de la Reserva Federal. Y quiero que recuerden que el Sistema de la Reserva Federal empezó de cero en 1914 sin un solo centavo y, sin embargo, en 1939, por ejemplo, el sistema había cosechado un beneficio de 23.141.456.197 dólares. ¡Ni un solo céntimo fue a parar al gobierno popular, que no posee ni una sola acción del Banco! (Las cifras proceden del *Congressional Record,* 19 de mayo de 1939, página 8896).

Se abrió el camino para que los aristócratas robaran los frutos de nuestro trabajo, al igual que robaron los frutos del trabajo de los campesinos en Europa en la Edad Media. En la Primera y la Segunda Guerra Mundial, los soldados estadounidenses fueron enviados a Europa y al Pacífico a luchar en guerras sangrientas para preservar los préstamos de los banqueros y perpetuar el sistema de esclavitud impuesto por la Ley de la Reserva Federal de 1913.

Jefferson explicó que, como nación, nos enfrentamos a dos enemigos: un enemigo exterior y un enemigo interior. Tanto

Jefferson como Lincoln afirmaron que el enemigo interior representa el mayor peligro para nuestra República y nuestra libertad. A medida que la atención de Estados Unidos se dirige al más visible de los dos, que hoy es el llamado "terror global", los aristócratas se hacen más fuertes y aún más poderosos, hasta que en 2007 es la aristocracia secreta la que representa un terrible peligro para nuestra existencia como nación basada en los ideales republicanos de libertad. Y la forma de hacerlo es siempre a través del papel moneda.

¿Recuerdan que Morgan y su minidepresión de 1907 fueron seguidos por un eslogan de burla, que la gente pequeña nunca más se enfrentaría a quiebras bancarias si sólo el gobierno aceptara crear un Banco Central? Veamos lo que ha ocurrido desde entonces.

Las estadísticas muestran que desde que se estableció un banco central en este país en 1913 han quebrado más bancos que en cualquier otro momento de nuestra historia. Peor aún, desde entonces nos hemos convertido en personas obligadas, pues cada uno de nosotros debe intereses, y cuando debemos intereses estamos obligados, y qué es una persona obligada sino un esclavo, por supuesto.

¿Qué hace posible la servidumbre? Es, por supuesto, papel moneda.

La respuesta de la aristocracia es crear mayores déficits presupuestarios, que proliferarán y aumentarán así la oferta de papel moneda sin garantía, para que unos pocos puedan enriquecerse a costa del pueblo. Cuando se descubrieron los enormes sobrecostes del proyecto de misiles Minuteman, Lockheed recibió una importante subvención del gobierno, que llegó justo a tiempo para pagar la abultada factura legal que tuvo que pagar tras la revelación de Fitzgerald.

Este es un ejemplo del enemigo interior. No debemos temer tanto al enemigo lejano como al interno. Si es necesario, la nación puede reunir sus enormes recursos en poco tiempo y derrotar a cualquier enemigo externo. Demostramos nuestra capacidad para hacerlo en la Segunda Guerra Mundial; ¡sólo la historia demostrará que luchamos contra el enemigo equivocado! Entonces, ¿cuál es el verdadero objetivo de las guerras en las que se ha involucrado Estados Unidos?

¿Fue para defenderse de un pueblo primitivo semisalvaje y de su débil cultura, gente como los vietnamitas, por ejemplo? No, fue para desviar nuestra atención del verdadero enemigo, los parásitos que infestan nuestro cuerpo nacional, al igual que los señores feudales desviaron y rechazaron la hostilidad hacia fuera, y lejos de ellos mismos, hacia un peligro imaginario. El Imperio Romano siempre provocó guerras en el extranjero con el mismo propósito.

Geográficamente, Estados Unidos está relativamente a salvo de la invasión, y tenemos la tecnología para defendernos de cualquier cosa que el enemigo pueda tener. ¿Pero qué pasó? Los aristócratas actuando a través de sus mercenarios como Robert McNamara nos obligaron a renunciar a nuestra mejor defensa contra los ICBM. Sí, renunciamos a nuestro escudo.

Después de titubear durante años y de oponerse a la idea, McNamara, el mercenario de los aristócratas, se negó a gastar el dinero asignado por el Congreso en nuestras mejores armas de rayos de partículas que podrían colocarse en el espacio, ¡desde donde habrían podido volar todos los misiles enemigos dirigidos a Estados Unidos antes de que alcanzaran su objetivo!

Se podría pensar que habría un clamor para instalar tal defensa. En cambio, la misma gente dirigida por el mismo McNamara recorrió el país predicando un coro de odio contra las armas de rayo. Y los medios de comunicación declararon estas armas como lo que ellos llaman "futuristas", ¡como si eso fuera un crimen! *Newsweek*, el portavoz del enemigo interior, llama a las armas de rayo "guerra de las galaxias". Tomemos otro de los mercenarios de la aristocracia. Henry Kissinger.

Kissinger dejó su cargo hace años, pero sigue dirigiendo en secreto la política exterior del país. La revista *Time* informa de que es un influyente visitante de la Casa Blanca. Kissinger dice que es un gran admirador del príncipe Metternich. Como la historia de Austria no es una asignatura popular en nuestras escuelas, pocos estadounidenses saben lo que representaba. Metternich fue el Primer Ministro de Austria en el siglo 19, un devoto discípulo del feudalismo. Fue contra este tirano autoritario que el presidente Monroe dirigió su famosa Doctrina Monroe.

Robert McKenzie, en su libro *The 19th Century; A History,* dice esto sobre Metternich

> *Sus teorías de gobierno (las del emperador Francisco de Austria) no sólo estaban libres de la interferencia popular, sino también de la crítica popular. No permitía la libertad de pensamiento ni de expresión; mantenía a su pueblo en la más absoluta sumisión, creyendo que era por su propio bien.*

> *Impuso una estricta censura a la prensa y el escrutinio de todo el material impreso procedente del extranjero, para que los agitadores extranjeros no perturbaran la feliz tranquilidad que se suponía producía la ausencia de pensamiento. Mantenía un sistema cuidadosamente ramificado de policía secreta, mediante el cual sería advertido a tiempo si, por desgracia, el contagio del liberalismo llegaba a su pueblo.*

> *En todas las medidas que tomó para suprimir la inteligencia de su pueblo, y para preservar sin mancha esa lealtad ignorante sin la cual creía imposible el gobierno, fue hábilmente apoyado por su ministro astuto y sin escrúpulos, el príncipe Metternich; nunca existió entre los hombres un despotismo más absoluto que el que se mantuvo hasta el final de la vida del emperador.*

Ahora ya sabes lo que Kissinger haría con nosotros, si alguna vez consiguiera el poder absoluto sobre este país. Fue Kissinger quien escupió sobre la Doctrina Monroe y pisoteó la tumba de Monroe con pezuñas hendidas. Me refiero a la vergonzosa mancha en las páginas de nuestra historia americana, la Guerra de las Malvinas, cuando nos pusimos del lado de la Reina de

Inglaterra en su guerra contra Argentina.

Traicionamos a Jefferson, Jackson y Monroe. Hemos manchado nuestra propia historia y tradición política al romper el Tratado de Río, que firmamos y que nos obligaba a repeler a todos los atacantes que se aventuraran en este hemisferio. Hemos demostrado al mundo que somos un aliado poco fiable, en el que no se puede confiar para cumplir con nuestras obligaciones escritas, ¡y lo hemos vuelto a hacer con la Guerra del Golfo y la destrucción de Serbia! ¿De dónde salió el dinero para pagar estas vergonzosas aventuras? ¡Salió de la imprenta para imprimir dinero de la nada!

Oponerse a la guerra es un asunto difícil, solitario y a menudo peligroso. Cuando se genera la histeria de la guerra, los banqueros empiezan a gritar su patriotismo. Cualquiera que no se una al clamor por la guerra es tachado de "antipatriota". No hablo del pequeño elemento que se opone a la guerra por razones equivocadas, la gente que sigue a Jane Fonda, que utilizó la guerra de Vietnam para promover el socialismo; se les puede despreciar con el desprecio que merecen. Me refiero a los hombres y mujeres verdaderamente patrióticos que examinarán el verdadero motivo de la guerra y descubrirán que no es más que un medio para asegurar préstamos para los banqueros y enriquecer a la aristocracia.

Por supuesto, ha habido algunas ocasiones en las que la guerra se ha librado por la libertad real, como en el caso de la Guerra de la Independencia estadounidense y la Guerra de los Bóers en Sudáfrica, pero son rarezas. La mejor manera de derrotar los planes que se están haciendo para la próxima guerra es eliminar y prescindir del papel moneda sin garantía, y volver a una moneda denominada en oro, basada en el oro a 700 dólares la onza. Entonces sí que hay que equilibrar el presupuesto. A pesar de los fuertes gritos de los congresistas de ambos partidos, los banqueros no tienen ningún interés en que esto ocurra. Utilizan a sus mercenarios para hacer ruido sobre un presupuesto equilibrado, pero todo es un farol y una farsa.

Si elimináramos el déficit equilibrando el presupuesto, se

produciría una fuerte subida de los tipos de interés. Los creadores de la riqueza real, nosotros los ciudadanos, ya no podríamos ser explotados tan fácilmente, ya que el gobierno no podría recurrir a la imprenta tan a menudo para conseguir el dinero que necesita. En cambio, el gobierno tendría que acudir al mismo mercado que las empresas para pedir dinero prestado, lo que durante un tiempo haría desaparecer los tipos de interés. Wall Street no se recuperaría pronto de semejante estruendo.

La retórica vacía que utilizan los políticos para conseguir votos para mantenerse en el poder sería sustituida por la acción inmediata. Se ejercería una fuerte presión sobre el gobierno para que se apresure a equilibrar el presupuesto, de modo que ya no sea necesario el endeudamiento. Se pondría fin al despilfarro de la ineficacia militar. En lugar de ser vilipendiados, los que se oponen serían aclamados como héroes. Debemos respetar la Constitución para detener las guerras no declaradas, que no nos interesan. No más guerras no declaradas como Corea, Vietnam, Yugoslavia y las guerras del Golfo. Si alguna vez tenemos que luchar para preservar nuestra libertad, el gobierno debe plantear la cuestión al pueblo sin propaganda.

Debemos debatir todas las cuestiones y decidir qué curso de acción tomar, y si es la guerra, que se llame guerra, no la resolución del Golfo de Tonkin. Ahora que somos un Imperio, llamemos a nuestro ejército por su nombre, el Departamento de Guerra, no el de Defensa. Además, en este momento, el gobierno debe decir al pueblo cómo se sufragará el coste de la guerra. No más guerras por medio de papel moneda. ¡Esto debe terminar! ¡Se acabaron los subterfugios para involucrarnos en guerras para cosechar beneficios para los banqueros! No más guerras del Golfo. Vayamos más allá de la conspiración.

Por ejemplo, cuando las tropas estadounidenses entraron por primera vez en Vietnam sin ser invitadas, fue con el pretexto de que iban a ayudar en las inundaciones. Se quedaron, y la guerra sobrevino. La guerra debe ser reconocida por la definición de Clausewitz: "La guerra es la continuación de la política por otros medios".

Vietnam pasó a la clandestinidad y al engaño a gran escala, sin una declaración oficial de guerra. Kissinger lo prolongó cuando se pensó que podría terminar demasiado pronto. Kissinger alargó las negociaciones de "paz" de París, mientras culpaba del retraso a los vietnamitas.

Esto permitió a los banqueros hacer valer sus beneficios. Este retraso mató a más de nuestros hombres en la picadora de carne; no parecía importar.

Las guerras aportan enormes beneficios a los banqueros. Rothschild ganó 4 mil millones de dólares con la Guerra Civil. Nadie sabe cuánto hicieron las dos guerras mundiales, Corea y Vietnam. Lo que sí es cierto es que la próxima guerra se está planeando mientras hablamos (el gobierno lo está haciendo, si no, ¿para qué hablar del servicio militar?). Los banqueros de ambas partes no tienen intención de destruir los activos de los demás. En ambas guerras mundiales hubo un acuerdo no escrito de no bombardear las fábricas de municiones por la misma razón.

La próxima guerra será otra "mitad y mitad". Si tiene alguna duda al respecto, mire lo que ya está ocurriendo en Oriente Medio. Si Estados Unidos va a involucrarse en Oriente Medio, el Presidente debe mostrar al pueblo de este país exactamente qué motivos legales tenemos para ir a la guerra. También debe decirnos lo que costará y cómo lo pagaremos. Entonces el Congreso debe declarar la guerra y enviar nuestras fuerzas con el objetivo de ganar la guerra lo antes posible.

Hay una relación probada entre el papel moneda y todas las guerras desde 1694. Tomemos como ejemplo el período comprendido entre 1915 y 1917, en el que asistimos a un enorme aumento de la oferta de papel moneda junto con una drástica caída de su poder adquisitivo. La guerra no se organiza por el bien común, con la notable excepción de la Guerra de 1776, sino en beneficio de los que escriben la legislación y cosechan los beneficios, y si se eliminaran las grandes ventajas de las que disfrutan los aristócratas a través de las guerras de papel moneda, de repente habría pocas razones para la guerra, de hecho se volvería impopular.

Andrew Jackson se enfrentó a la nobleza negra, a los banqueros de Europa y América, y los derrotó. Se aferró a la Constitución y derribó las mesas de los cambistas, como hizo Cristo antes que él. No tenía miedo del Tribunal Supremo.

Cuando el juez Marshall emitió un fallo inconstitucional, Jackson dijo: *"Marshall ha tomado su decisión, ahora que la haga cumplir"*. Jackson reconoció que el Tribunal Supremo no está por encima de la Constitución, y que nosotros, el pueblo, somos los únicos que podemos hacer cumplir la Constitución. Más tarde, Marshall, viendo el error de sus caminos, llegó a la misma conclusión. Sin el papel moneda, Estados Unidos no habría entrado en ninguna de las dos guerras mundiales. No teníamos ninguna razón para involucrarnos.

El Senado lo dijo. Tras una exhaustiva investigación sobre las causas de la Primera Guerra Mundial, publicó el Documento 346, del que cito:

> *Su responsabilidad recae exclusivamente sobre los hombros de los banqueros internacionales. Sobre sus cabezas recae la sangre de millones de moribundos.*

Unos 12 millones de personas murieron en esa guerra. El Comité Nye y el Comité Sisson no encontraron ninguna buena razón para que enviáramos nuestro ejército a Europa en 1917. Los ingleses nunca fueron conocidos como una nación agresiva o beligerante hasta que el Banco de Inglaterra estableció el uso de papel moneda sin garantía. Después, Inglaterra libró una guerra tras otra y se convirtió en el "galán" de Europa, como muestra la siguiente lista:

- ➢ 1689-1697 Guerra del Rey Guillermo
- ➢ 1702-1713 Guerra de la Reina Ana
- ➢ 1739-1742 Guerra de la Oreja de Jenkins
- ➢ 1744-1748 Guerra del Rey Jorge
- ➢ 1754-1763 Guerra de Francia e India
- ➢ 1775-1783 Revolución Americana

> ➤ 1793-1801 Guerra contra la Francia revolucionaria

> ➤ 1803-1815 Guerras Napoleónicas

La única guerra que Inglaterra no ganó fue la Revolución Americana, y esto puede ayudar a explicar por qué los aristócratas se sorprendieron tanto al perder ante los colonos americanos después de una racha de éxitos tan larga.

Inglaterra estuvo en guerra durante 126 años, de 1689 a 1815, y aunque es cierto que no estuvo en el campo de batalla durante todo ese tiempo, podemos considerar que estuvo en guerra, ya que en los años intermedios en los que el ejército no estuvo en un campo de batalla, se preparó para ir a la guerra.

Del mismo modo, Estados Unidos no fue una nación agresiva hasta que se introdujo el papel moneda, entonces fuimos a la guerra dos veces, y luchamos en dos guerras en las que no teníamos ninguna razón para involucrarnos. Hemos atacado a Alemania dos veces sin provocación.

El Informe Nye del Senado, publicado en 1934, afirmaba que Estados Unidos no tenía ninguna razón para entrar en la guerra en 1917. Desde entonces, David Rockefeller se ha asegurado de que no se publique ningún informe de este tipo sobre la Segunda Guerra Mundial y la participación de Estados Unidos en ella. En un documento del CFR, que Rockefeller encargó inmediatamente después del fin de las hostilidades en 1945, se afirma que el CFR no quería que se discutieran las razones para ir a la guerra por segunda vez en Europa, como había ocurrido después de la Primera Guerra Mundial. Encargó una historia de la Segunda Guerra Mundial en 3 volúmenes para silenciar a los historiadores que pudieran tratar de exponer lo que realmente sucedió. Sólo hay un método por el que los aristócratas pueden conseguir que las naciones vayan a la guerra por ellos de nuevo, y es mediante el uso de moneda fiduciaria sin garantía, como la que tenemos en los billetes de la Reserva Federal que pasan por "dólares" y que me he esforzado en mostrar que es un instrumento de tiranía. Debemos redoblar nuestros esfuerzos para recuperar la libertad que los estadounidenses trajeron a este continente en 1776.

Hoy, en 2007, no gozamos de libertad. Como guardianes de la tradición, debemos hacer lo posible por ilustrar a nuestros compatriotas para que nuestra condición de esclavos sea comprendida por el mayor número posible de ellos. Si es necesario, no debemos dudar en despertar el espíritu de 1776. Es nuestro derecho constitucional forzar cambios en el gobierno cuando el pueblo no está satisfecho. Estados Unidos es el último bastión de la libertad, pero nuestra libertad está siendo rápidamente devorada por enemigos internos, y si nosotros, el pueblo, creemos que vale la pena salvar a Estados Unidos, entonces tenemos tanto el derecho como el deber de tomar las medidas necesarias para corregir lo que no nos gusta. No envíen a sus hijos e hijas a otra guerra que ha sido posible gracias al papel moneda. Decidamos elevarnos por encima de esta gran conspiración exponiéndola como el gigantesco fraude que realmente es.

Ya publicado

Los numerosos acontecimientos trágicos y explosivos del siglo XX no se produjeron por si solos, sino que se planificaron según un patrón bien establecido...

EL CLUB DE ROMA
EL THINK TANK DEL NUEVO ORDEN MUNDIAL
POR JOHN COLEMAN

¿Quiénes fueron los planificadores y creadores de estos grandes acontecimientos?

Todos estos años, mientras nuestra atención se centraba en los males del comunismo en Moscú, los socialistas de Washington estaban ocupados robando a Estados Unidos...

LA DICTADURA del ORDEN MUNDIAL SOCIALISTA
POR JOHN COLEMAN

"Hay que temer más al enemigo de Washington que al de Moscú"

El narcotráfico no puede ser erradicado porque sus gestores no permitirán que se les arrebate el mercado más lucrativo del mundo...

La GUERRA de las DROGAS contra AMÉRICA
POR JOHN COLEMAN

Los verdaderos promotores de este maldito comercio son las "élites" de este mundo

OMNIA VERITAS
OMNIA VERITAS LTD PRESENTA:
LAS GUERRAS DEL PETRÓLEO
POR JOHN COLEMAN
El relato histórico de la industria petrolera nos lleva por los vericuetos de la "diplomacia"
La lucha por monopolizar el recurso codiciado por todas las naciones

OMNIA VERITAS
OMNIA VERITAS LTD PRESENTA:
LA DIPLOMACIA DEL ENGAÑO
UN RELATO DE LA TRAICIÓN DE LOS GOBIERNOS DE INGLATERRA Y LOS ESTADOS UNIDOS
POR JOHN COLEMAN
La historia de la creación de las Naciones Unidas es un caso clásico de diplomacia del engaño

OMNIA VERITAS
OMNIA VERITAS LTD PRESENTA:
LA JERARQUÍA DE LOS CONSPIRADORES
HISTORIA DEL COMITÉ DE LOS 300
por John Coleman
Esta conspiración abierta contra Dios y el hombre incluye la esclavización de la mayoría de los humanos...

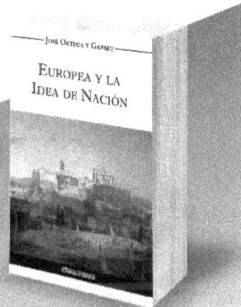

OMNIA VERITAS

Omnia Veritas Ltd presenta:

ALBERT SLOSMAN

El libro del más allá de la Vida

El libro del más allá de la Vida

La espiritualidad cuyo origen se pierde en la noche de los tiempos...

OMNIA VERITAS

Omnia Veritas Ltd presenta:

ALBERT SLOSMAN

El zodiaco de Dendera

El zodiaco de Dendera

La unión necesaria entre el cielo y la tierra...

OMNIA VERITAS

Omnia Veritas Ltd presenta:

ALBERT SLOSMAN

La astronomía según los Egipcios

La astronomía según los Egipcios

Armonizar al Creador con sus criaturas y su creación...

OMNIA VERITAS — Omnia Veritas Ltd presenta:

ALBERT SLOSMAN

La extraordinaria vida de Pitágoras

Todos los ritos que le llevaron al conocimiento supremo...

OMNIA VERITAS — Omnia Veritas Ltd presenta:

ALBERT SLOSMAN

La Gran Hipótesis

Esbozo de una historia del monoteísmo desde los orígenes al fin del mundo

Un intento de evitar que las generaciones futuras renueven un gran cataclismo...

OMNIA VERITAS — Omnia Veritas Ltd presenta:

ALBERT SLOSMAN

LOS SUPERVIVIENTES DE LA ATLÁNTIDA

... ningún historiador ha investigado a los sobrevivientes de este Edén perdido...

Omnia Veritas Ltd presenta: JULIUS EVOLA — CABALGAR EL TIGRE

«Lo que se va a leer afecta al hombre que no pertenece interiormente a este mundo, y se siente de una raza diferente a la de la mayor parte de los hombres.»

El lugar natural de un hombre así, es el mundo de la Tradición

Omnia Veritas Ltd presenta: JULIUS EVOLA — SÍNTESIS DE LA DOCTRINA DE LA RAZA Y ORIENTACIONES PARA UNA EDUCACIÓN RACIAL

«El racismo se empeña en individualizar al tipo humano predominante en una determinada comunidad nacional...»

El muy neto sentido de las diferencias, de su dignidad y de su fuerza

Omnia Veritas Ltd presenta: JULIUS EVOLA — ESCRITOS SOBRE EL JUDAÍSMO

«El antisemitismo es una temática que ha acompañado a casi todas las fases de la historia occidental...»

El problema judío tiene orígenes antiquísimos

www.ingramcontent.com/pod-product-compliance
Lightning Source LLC
Chambersburg PA
CBHW070905270326
41927CB00011B/2465